Kristina Sandig

Manufakturen in der Oberpfalz

Von der Liebe zu handgemachten Dingen

Kristina Sandig

Manufakturen in der Oberpfalz

Von der Liebe zu handgemachten Dingen

BUCH- UND KUNSTVERLAG OBERPFALZ

Bibliografische Information der Deutschen Nationalbibliothek

Die Deutsche Nationalbibliothek verzeichnet diese Publikation in der Deutschen Nationalbibliografie; detaillierte bibliografische Daten sind im Internet über http://dnb.dnb.de abrufbar.
ISBN 978-3-95587-098-0

Für uns, die Battenberg Gietl Verlag GmbH mit all ihren Imprint-Verlagen, ist Nachhaltigkeit ein wichtiger Teil unserer Unternehmensphilosophie. Daher achten wir bei allen unseren Produkten auf den Einsatz umweltschonender Ressourcen und Materialien.
Dieses Buch wurde auf FSC®-zertifiziertem Papier gedruckt. FSC (Forest Stewardship Council®) ist eine nicht staatliche, gemeinnützige Organisation, die sich für die verantwortungsvolle und ökologische Nutzung der Wälder unserer Erde einsetzt.

Unsere Partnerdruckerei kann zudem für den gesamten Herstellungsprozess nachfolgende Zertifikate vorweisen:
- Zertifizierung für FOGRA PSO
- Zertifizierungssystem FSC®
- Leitlinien zur klimaneutralen Produktion (Carbon Footprint)
- Zertifizierung EcoVadis (die Methodik besteht aus 21 Kriterien in den Bereichen Umwelt, Einhaltung menschlicher Rechte und Ethik)
- Zertifikat zum Energieverbrauch aus 100 % erneuerbaren Quellen
- Teilnahme am Projekt „Grünes Unternehmen“ zum Schutz von Naturressourcen und der menschlichen Gesundheit

Umschlag:
Bretterhintergrund: fotolia.com, primopiano
Röstmaschine: Kaffeerösterei Chamer Land
Uhrarmbänder: Fluco
Delikatessen: Delikatessen-Manufaktur Bergler-Fischer

Innenteil:
Karte S. 10/11: © mapz.com – Map Data: OpenStreetMap ODbL

1. Auflage 2023
ISBN 978-3-95587-098-0

www.battenberg-gietl.de

Grußwort

Liebe Leserinnen und Leser,
die Summe aller schönen Dinge, das ist die Oberpfalz. Im Herzen Bayerns lebt und liebt man die perfekte Mischung aus Global Players und kreativen Hand- und Kunsthandwerkern, aus Happy Locals und Hidden Champions. Die Landschaftsgebiete Bayerischer Jura und Oberpfälzer Wald sowie der Naturpark Oberer Bayerischer Wald zeichnen sich aus durch zauberhafte Laub- und Mischwälder, bäuerliche Landwirtschaft und wertvolle Naturrefugien. Wie eine Perle liegt in der Mitte die UNESCO-Welterbestadt Regensburg. Flüsse wie Naab, Regen, Altmühl oder Laber durchziehen die Urlaubsregionen. Die Menschen genießen Stadt- und Landleben gleichermaßen und finden in der faszinierenden Naturlandschaft Ruhe und Erholung.

Hier schlägt das kreative Herz der Bürstenbinder und Seifenmacher, der Schneider, Weber, Drucker, Käser, Holzkünstler und Glasmacher. Mit Hingabe und Kunstfertigkeit schaffen die Menschen einzigartige Produkte aus den besten Rohstoffen der Region. Die Autorin Kristina Sandig hat für Sie eine feine Auswahl zusammengetragen.

Hergebrachtes Kulturerbe zu bewahren, wird in der Oberpfalz gelebt. Dabei interpretieren es die Menschen neu und hauchen ihrer regionalen Kultur den unverwechselbaren Oberpfälzer Lebensstil ein: einfach und ehrlich, aus dem Herzen und aus Überzeugung.

Dieses Buch lädt Sie ein, die Oberpfalz auf besondere Weise kennenzulernen, und es gibt Ihnen einen Einblick in die Seele der Oberpfälzer und Oberpfälzerinnen. Lassen Sie sich verzaubern von diesem Landstrich und seinen handwerklichen Erzeugnissen und entdecken Sie all die schönen Dinge: Lieblingsstücke, die die Seele berühren, die nachhaltig und praktisch sind oder den Gaumen verwöhnen.

Foto: Gerhard Illig

Ihr Dr. Michael Braun
Vorstand
Tourismusverband Ostbayern

Grußwort

Liebe Leserinnen und Leser,
im Mittelpunkt dieses Werks von Kristina Sandig stehen Menschen aus der Oberpfalz, die mit ihren Ideen und Fähigkeiten Einzigartiges erschaffen haben und damit Botschafter der kreativen Vielfalt ihrer Heimat sind. Dass gerade hier in der Oberpfalz ein solcher Reichtum zu finden ist, das ist sicher kein Zufall. Denn als Region mit einer traditionell starken handwerklichen Basis war sie schon immer ein Nährboden für die Innovationskraft unserer Handwerkerinnen und Handwerker. Jeden Tag beweisen sie aufs Neue, dass die Öffnung für Neues und das Bewahren des Alten kein Widerspruch sein muss – ganz im Gegenteil. Es ist diese Kombination, die ihre Erzeugnisse so einzigartig und besonders macht. Und genau damit treffen sie einen wichtigen Nerv. Entgegen dem Trend unserer schnelllebigen Zeit, in der alles sofort auf Knopfdruck verfügbar sein muss, gibt es immer mehr Menschen, die sich Dinge wünschen, die individuell sind, langlebig und zeitlos. Sie wünschen sich handgefertigte Produkte, die Bestand haben, die einem Gedanken folgen, denen eine Idee zugrunde liegt. Genauso wie wir diejenigen brauchen, die mit Begeisterung Neues schaffen, brauchen wir auch die, die sich davon begeistern lassen. Diese Wertschätzung für handgefertigte lokale Produkte, die stärkt unsere Identität, unsere Gesellschaft und das Handwerk.

Ich wünsche Ihnen beim Lesen dieses Werks viel Inspiration und Freude und der Autorin sowie allen porträtierten Handwerkerinnen und Handwerkern auch weiterhin viel Erfolg dabei, mit dem, was sie tun, Begeisterung zu wecken.

Foto: Graggo

Dr. Georg Haber
Präsident der Handwerkskammer Niederbayern-Oberpfalz

Vorwort

Liebe Leserinnen und Leser,
handgemacht heißt für mich, Dingen eine Seele zu geben. Mit Herz und Hand entstehen in Manufakturen Produkte, die unser Leben bereichern. Manufakturen weisen uns einen Weg in eine nachhaltige Zukunft. Sie wählen mit Bedacht ihre Rohstoffe aus, sie gehen sorgsam und schonend mit Ressourcen um, sie produzieren nicht im Überfluss. Sie legen Kleinserien auf oder fertigen nur auf Bestellung. Nicht selten sind ihre Produkte Unikate, die es so kein zweites Mal gibt.

All das macht die Arbeit von Manufakturen so einzigartig und auch so wertvoll. Es ist Wertarbeit, nicht Wegwerfware. All das hat seinen Preis, aber eben auch seinen Wert. In der Oberpfalz machen gar viele Menschen gar wunderbare Dinge. Weitaus mehr, als hier porträtiert werden. Ein Buch wie dieses kann nur eine Auswahl bieten. Und die wiederum ist subjektiv.

Ich möchte Sie einladen zu einer Rundreise durch die Oberpfalz, von Waldsassen bis Piesenkofen, von den Ausläufern des Oberpfälzer Juras bis zum Fuße des Arbers. Begleiten Sie mich in Manufakturen, in denen auf historischen Jacquard-Webstühlen komplexe Muster gewebt, duftende Seifen im Kaltsiedeverfahren hergestellt werden oder in rund 50 Arbeitsschritten Uhrarmbänder entstehen.

Mit handwerklich gebrautem Bier, Kaffee, Käse, veganen Pralinen und Lebkuchen, die eine Fürstin berühmt gemacht hat, aber auch mit Whisky und Edelbränden zeigt sich die Oberpfalz von ihrer schmackhaften Seite.

Beim Filzen wird mit der Wolle ein Wunderwerk der Natur verarbeitet, eine Modedesignerin entschleunigt schnelllebige Trends und eine Bürstenbinderin hält ein aussterbendes Handwerk am Leben. Handgemachtes hat eben eine Seele.

Kristina Sandig
Autorin

Inhaltsverzeichnis

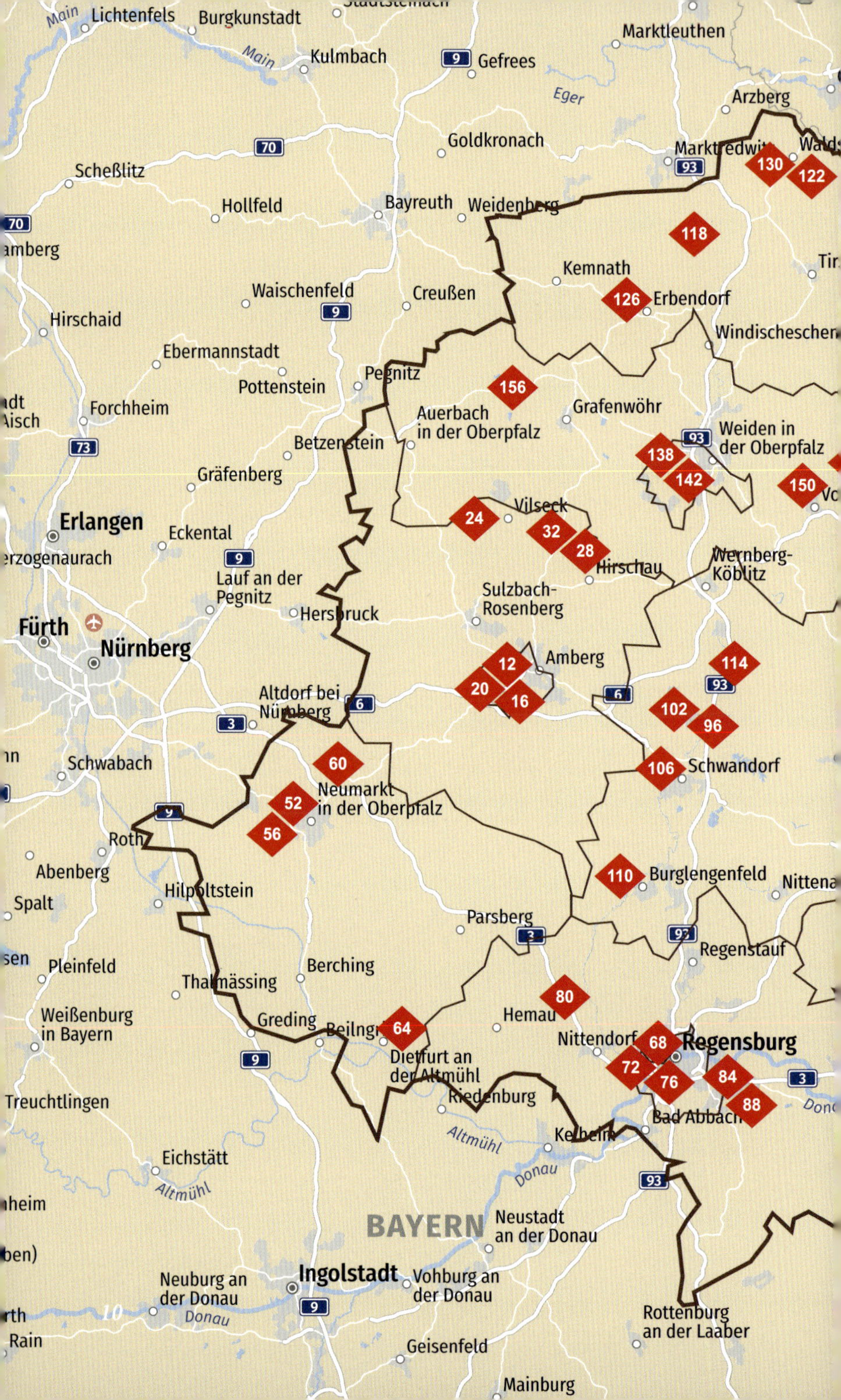

Main
Lichtenfels
Burgkunstadt
Kulmbach
9
Gefrees
Marktleuthen
Eger
Arzberg
Goldkronach
70
Scheßlitz
93
130
122
Hollfeld
Bayreuth
Weidenberg
118
Kemnath
126
Erbendorf
Waischenfeld
Creußen
9
Hirschaid
Windischeschen
Ebermannstadt
Pottenstein
Pegnitz
156
Grafenwöhr
Forchheim
Auerbach
in der Oberpfalz
Weiden in
der Oberpfalz
73
Betzenstein
138
142
150
Gräfenberg
Vilseck
24
32
28
Erlangen
Eckental
Hirschau
Wernberg-
Köblitz
9
Lauf an der
Pegnitz
Sulzbach-
Rosenberg
Hersbruck
Fürth
Nürnberg
12
Amberg
114
20
16
Altdorf bei
Nürnberg
6
3
6
93
102
96
Schwabach
60
106
Schwandorf
52
Neumarkt
in der Oberpfalz
56
9
Roth
Abenberg
110
Burglengenfeld
Spalt
Hilpoltstein
Parsberg
3
93
Regenstauf
Pleinfeld
Berching
Thalmässing
80
Weißenburg
in Bayern
Greding
Hemau
64
Nittendorf
68
Regensburg
9
Dietfurt an
der Altmühl
72
76
84
3
Riedenburg
88
Treuchtlingen
Bad Abbach
Altmühl
Kelheim
Eichstätt
Donau
93
Altmühl
BAYERN
Neustadt
an der Donau
Neuburg an
der Donau
Ingolstadt
Vohburg an
der Donau
Donau
9
Rain
Rottenburg
an der Laaber
Geisenfeld
Mainburg

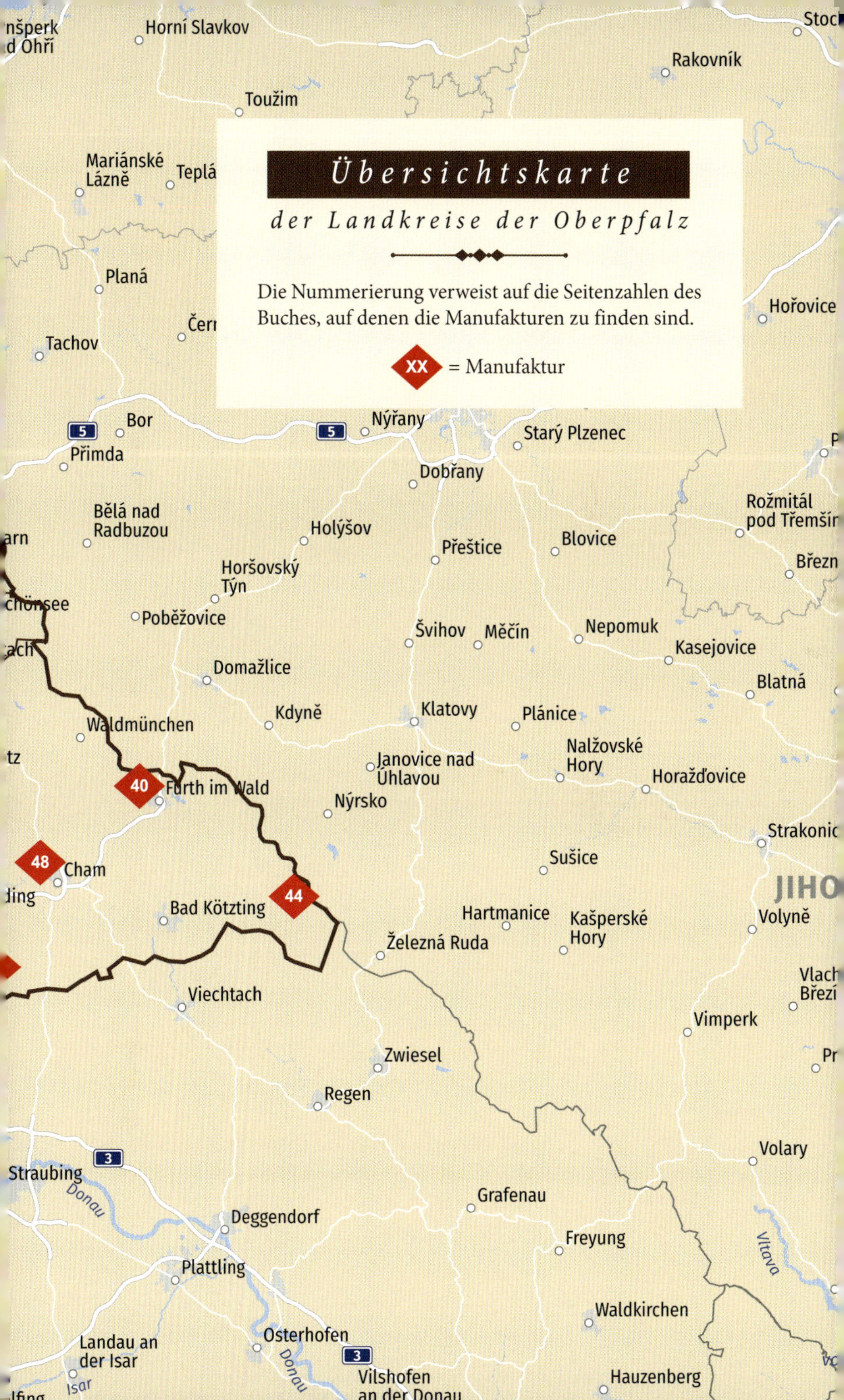

Übersichtskarte
der Landkreise der Oberpfalz
Die Nummerierung verweist auf die Seitenzahlen des Buches, auf denen die Manufakturen zu finden sind.
XX = Manufaktur
Horní Slavkov
Rakovník
Toužim
Mariánské Lázně
Planá
Hořovice
Tachov
Bor
5
Nýřany
Starý Plzenec
Přimda
Dobřany
Bělá nad Radbuzou
Rožmitál pod Třemšín
Holýšov
Přeštice
Blovice
Horšovský Týn
Poběžovice
Švihov
Měčín
Nepomuk
Kasejovice
Blatná
Domažlice
Kdyně
Klatovy
Plánice
Waldmünchen
Nalžovské Hory
Janovice nad Úhlavou
Horažďovice
40
Furth im Wald
Nýrsko
48
Cham
Sušice
44
Bad Kötzting
Hartmanice
Kašperské Hory
Volyně
Železná Ruda
Viechtach
Vimperk
Zwiesel
Regen
3
Straubing
Donau
Volary
Grafenau
Deggendorf
Freyung
Vltava
Plattling
Waldkirchen
Landau an der Isar
Osterhofen
Isar
Vilshofen an der Donau
Hauzenberg

Foto: Meistergoldschmiede Baron von der Recke

IDEENSCHMIEDE FÜR DEN STAR UNTER DEN EDELMETALLEN

Sebastian Baron von der Recke erschafft Schmuck für Individualisten

Dass man in magischen Momenten mit Gold nie verkehrt liegt, weiß niemand besser als ein Goldschmied. Und so fertigt Sebastian Baron von der Recke Unikate für Individualisten, die damit zum Beispiel ihre Verbundenheit besiegeln wollen. In Form eines Anhängers, der in seinem Inneren mit „Ich liebe dich“ die seit Menschengedenken schönste Botschaft der Welt wie einen Gral hütet. Oder mit einem Ring als tragendes Fundament eines perfekten Heiratsantrags. Kreative Menschen lässt Sebastian von der Recke selbst am ewigen Glück feilen. Seine Ringkurse buchen Verliebte, Verlobte, Verheiratete.

Ringe sind seit jeher ein Zeichen der Verbundenheit.

Foto: Meistergoldschmiede Baron von der Recke

Seinen eigenen ersten Schmuck hatte Sebastian von der Recke geschmiedet, da war er in der neunten Klasse. Ein Stück aus Kupfer und Messing. Er schenkte es seiner Lehrerin, weil er sie so sympathisch fand. Nach Realschule und Abschluss an der Fachoberschule erlernte er in München den Beruf des Goldschmieds, arbeitete als Geselle in verschiedenen Werkstätten, sattelte den Meister drauf, machte sich selbstständig und eröffnete 1998 als Ladengeschäft mit Werkstatt in der Amberger Altstadt seine Meistergoldschmiede Baron von der Recke.

„Dem Material Gold gerecht zu werden, ist eine tägliche Herausforderung“, gibt er unumwunden zu und preist die Vorzüge seines Werkstoffs, der über Jahrtausende hinweg ob seiner Seltenheit und Kostbarkeit Kaisern und Königen vorbehalten war. Langlebig, geschmeidig, wertbeständig und mit einem Glanz, der mit der Kraft

Die Gasflamme verflüssigt das Gold im Tiegel. Foto: Marcus Rebmann

Das Löten ist eine Etappe bei der Entstehung eines Rings. Foto: Marcus Rebmann

der Sonne und Schönheit assoziiert wird. Kein Wunder, dass Gold nicht nur das bekannteste, sondern auch das beliebteste Edelmetall ist. „Mein Herz schlägt für Gold", gesteht der Goldschmiedemeister freimütig. In seinen freien Arbeiten, die er als kleine Serien auflegt, setzt er es sowohl als Solist in Szene, lässt es aber auch mit Edelsteinen konzertieren.

Wer zu Sebastian Baron von der Recke kommt und ein Schmuckstück in Auftrag gibt, sucht etwas im Wert Beständiges. Wobei der Amberger Goldschmiedemeister als Kenner der Materie den Wert so definiert: „Wenn der Mensch sagt, es ist ihm etwas wert." Und das kann zum Beispiel ein Erbstück aus Familienbesitz sein, das von der Recke so umarbeitet, dass es einerseits seinen ursprünglichen Charme behält, andererseits dem modernen Geschmack seines Besitzers entspricht und entsprechend gern getragen wird.

Sein Wahlspruch „Die Machbarkeit folgt der Idee" ist alles andere als ein bloßes Lippenbekenntnis. Mit Hartnäckigkeit brütet er über der Idee, tüftelt rum, wie er sie am besten umsetzen kann und scheut sich auch nicht, gleichgesinnte kreative Köpfe um sich zu scharen oder Experten wie Emaillierer oder Porzellanmaler mit ins Boot zu holen. Oder bei aller Handwerkskunst auch moderne Technik einzusetzen. Für die 3D-Technologie im Bereich Scannen und 3D-Druck ist IT-Fachmann Peter Wawersig zuständig. Mit Jenni Spacil und Silvia Piper komplettieren zwei Goldschmiedegesellinnen sein „Dream-Team", wie es der Chef nennt.

Mit seinem Können und seinen Unikaten, die er zu 100 Prozent aus Recycling-Gold fertigt, hat er sich einen weiten Kundenkreis erarbeitet.

2021 hatte die Israelitische Kultusgemeinde Amberg dem Goldschmied aus der Georgenstraße ihren silbernen Tora-Schmuck aus dem 19. Jahrhundert zur Restaurierung anvertraut. Dieser ziert eine Schriftenrolle von 1793, die aus der einstigen Synagoge in Sulzbach-Rosenberg stammt. Die Tora war in Israel restauriert und Anfang 2021 zum Auftakt des Festjahres „1700 Jahre jüdisches Leben in Deutschland" im Bundestag vollendet worden.

Begeistern kann sich Sebastian von der Recke nicht nur für das Gold, das er berufsbedingt täglich in den Händen hält. Güldene Momente begegnen ihm auch außerhalb seiner Werkstatt. Wenn der Mond auf eine Turmuhr scheint und deren Zifferblatt – und sei dieses auch nur vergoldet – anstrahlt. „Das hat etwas ewig Magisches", sagt der Meister der edlen Metalle ehrfürchtig.

MEISTERGOLDSCHMIEDE
BARON VON DER RECKE

Georgenstraße 51
92224 Amberg
Telefon: 09621/42 95 90
service@goldschmiede-recke.de
www.goldschmiede-recke.de

Gold und Perlen bringen die Harmonie von Edelmetall und Edelstein zum Ausdruck. Foto: Meistergoldschmiede Baron von der Recke

Foto: Feig Fotodesign

HAUSGEBRAUT

Die Antwort eines Quereinsteigers auf das Brauereiensterben in den 1980er-Jahren

Ambergs Ruf als Bierstadt begründet nicht nur eine über 500-jährige Brautradition, sondern auch eine Dichte an Brauereien, die in Relation zur Einwohnerzahl getrost als beachtlich bezeichnet werden darf. Im 19. Jahrhundert gab es knapp 30 gewerbliche Brauereien und an die 100 Hausbrauereien. Im Laufe der Zeit sank die Zahl rapide. Als in den 1980er-Jahren das Massensterben bayerischer Brauereien einsetzte und auch vor seiner Heimatstadt nicht Halt machte, hielt Arno Diener dagegen – mit einer Hausbrauerei.

Durch Zufall war er 1983 zum Bierbrauen gekommen: Wolfgang Schmidt, der damals Brauwesen in Weihenstephan studierte, hatte eine Schnapsidee für Silvester, die auch Arno Diener gefiel: selbstgebrautes Bier für die Party. Weil das so gut ankam, beschlossen die beiden: „Des mach ma wieder". Die Zahl derer, die fortan zu diversen Anlässen auf ein Selbstgebrautes bei dem Duo vorbeischauten, wurde größer und größer. Die beiden Freunde setzten immer häufiger Sude an, im Kochtopf, dann im Waschkessel. Als selbst der zu klein wurde, legten sie sich eine Sudpfanne zu.

Ein Bierbrauer, der nicht alles bierernst nimmt. Foto: Feig Fotodesign

Im Keller seines Wohnhauses unterhalb des Mariahilfbergs startete Arno Diener 1985 mit seiner Hausbrauerei. Alsbald war das dafür erlaubte Limit von 2000 Litern pro Jahr erreicht. 1993 klopfte der Zoll an und stellte Arno Diener vor die Wahl, entweder weniger als 20 Hektoliter pro Jahr zu brauen oder eine offizielle Brauerei zu gründen. Dass Letzteres gar nicht so einfach war, überraschte Arno Diener dann doch. Da war die Namensfindung dagegen ein Kinderspiel: Brauerei Sudhang, abgeleitet von der Wohnadresse „Am Südhang".

Arno Diener am Sudkessel: So entsteht sein handwerklich gebrautes Bier. Foto: Feig Fotodesign

Weil beide Männer berufstätig waren – Arno Diener als Informatiker bei Siemens und Wolfgang Schmidt als Ingenieur für Brautechnik bei der Stuttgarter Hofbräu –, kam nur der Samstag als Brautag in Frage. Seit der Jahrtausendwende führt Arno Diener die Brauerei alleine. Seit er im Ruhestand ist, braut er, wann's ihm reinpasst, und nach wie vor im Keller seines Hauses.
An der Sechs-Hektoliter-Sudpfanne klebt das Bildnis eines Mönches. Es ist die erste Darstellung eines Bierbrauers, erschienen 1397 im Mendelschen Bruderhausbuch in Nürnberg. So wie der Mönch damals steht Arno Diener auch heute an der Sudpfanne und rührt von Hand die Maische und gibt den Naturhopfen zum Schluss zur kochenden Würze. Der Hopfen stammt aus einem kleinen Anbaugebiet in Illschwang, um das sich der dortige Gartenbauverein kümmert. Beim Abernten der 110 Stangen zupft Arno Diener Jahr für Jahr fleißig mit und spendiert selbstredend den flüssigen Part der Brotzeit.
„Zu 90 Prozent sind es erneuerbare Energien", sagt Arno Diener über den Energie-Einsatz in seiner Brauerei. Das Holz, mit dem der Sudkessel befeuert wird,

schlägt er zum Teil selber. Aus der Photovoltaikanlage kommt der Strom für die Kühlung im Lagerkeller. Dort vorrätig ist hauptsächlich Märzen und Kellerbier, gelegentlich auch das Mariahilfberg-Dunkel.
Ausgeschenkt wird Sudhang-Bier im Café Zentral am Marktplatz und im Bootshaus an der Vils. Viele Stammkunden, zumeist aus Amberg und dem Umland, holen sich regelmäßig am Südhang des Mariahilfbergs ihr Bier ab. Dass es deutlich mehr Männer als Frauen sind, mag an der Flaschengröße liegen: Der Alt-Hörder Biersiphon fasst zwei Liter und ist Nostalgie pur, denn in diesen Glasgefäßen trug man früher das Bier aus Brauereien oder Schankwirtschaften nach Hause. Sudhang-Bier gibt's in einzelnen Flaschen, aber auch in der Holzkiste, wahlweise als Viererpack oder Sixpack. Wem all das zu klein ist, dem sei ein Fass empfohlen.

Die Alt-Hörder Biersiphons sind ein Alleinstellungsmerkmal in der Bierstadt Amberg. Foto: Feig Fotodesign

Sein Wissen gibt Arno Diener gerne weiter, zum Beispiel bei Braukursen, die er seit 30 Jahren anbietet. „Da darf man richtig mitmachen", gibt er die Marschrichtung für den Crash-Kurs im Bierbrauen vor. Das Bergfest ist alljährlich der wichtigste Termin im Kalender der hiesigen Brauereien. Während der Wallfahrtswoche versorgen sie die unzähligen Besucher mit flüssiger Nahrung. Seit 2022 schenkt auch Arno Diener auf dem Mariahilfberg aus – nach vier Jahrzehnten ist der Quereinsteiger angekommen auf dem Olymp der Bierstadt Amberg.

SUDHANG HAUSBRAUEREI ARNO DIENER

Am Südhang 7
92224 Amberg
Telefon: 09621/9707956
brauerei@sudhang.de
www.sudhang.de

WestenTascherl AmBerg

Foto: Hannelore Zapf

SCHICK FÜR KIRWA UND KINDERGARTEN

Gestrickte Trachten-Outfits für die Kleinsten

In der Schule konnte Gisela Prüll dem Stricken nichts abgewinnen. Erst in der Studentenzeit nahm sie es mit den Maschen auf. Jahrzehntelang handarbeitete die Ambergerin nur für den Hausgebrauch, für sich, ihren Mann und die beiden Töchter. Erst nach der Pensionierung professionalisierte die Lehrerin, die zuletzt eine Grundschule in Amberg geleitet hatte, ihr Hobby. Mit ihrem WestenTascherl, wie sie ihr junges Label nennt, hat sie sich den langgehegten Wunsch nach Selbstständigkeit und einem eigenen, wenn auch kleinen Unternehmen erfüllt.

Angesichts ihrer Liebe zu Kindern, der Leidenschaft fürs Stricken und der Heimatverbundenheit lag es auf der Hand, dass Gisela Prüll sich auf Trachten-Outfits für die Kleinsten spezialisiert. Als begeisterte dreifache Oma weiß sie nur zu gut, was für die Kirwa zur Lederhose oder zum Dirndl passt, genauso anziehend aber auch in Kombination mit einer Jeans für den Kindergarten oder den Spielplatz ist.

Im Ruhestand hat sich Gisela Prüll ihren Traum von der Selbstständigkeit erfüllt. Foto: Kristina Sandig

Bequem beim Tollen und Toben muss es sein, robust sowieso und pflegeleicht. Beim Material geht Gisela Prüll keine Kompromisse ein. „Ich verwende nur maschinenwaschbare und hochwertige Wolle“, sagt sie. Pflegetipps gibt’s gratis dazu: Feinwaschmittel, kein Weichspüler, nicht in den Wäschetrockner.

Ihr Arbeitszimmer hat die Oberpfälzerin zum Atelier umgemodelt. Hier führt sie ihre Beratungs- und Verkaufsgespräche. Zumeist sind es Großeltern, die für die Enkel einen Janker oder eine ärmellose Jacke als dessen

Süße Details: Aufgestickte Herzchen zieren die Janker. Foto: Hannelore Zapf

kleinen Bruder in Auftrag geben oder aus den Trachten-Accessoires das Passende aussuchen: Mützen, Kniestrümpfe oder Loferln, wie die Wadenstrümpfe genannt werden, die zum bayerischen Brauchtum gehören wie das Oktoberfest zu München.
Bis in die Landeshauptstadt haben sich die Strickkünste der Ambergerin schon rumgesprochen. Ein Laden für Kindersachen in München hat die WestenTascherl-Kollektion in sein Sortiment aufgenommen.
Die eigenen Enkel sind Gisela Prülls Ideenbörse, das aufgeweckte Trio inspiriert sie zu Neuem. Entstanden ist so eine eigene Linie für Babys mit Mützchen, Schühchen und Stirnbändern; und Babyhauben, die über Jahrzehnte als altbacken galten, dementsprechend verpönt waren, jetzt aber ein großes Revival erleben. „Die gehen weg wie die warmen Semmeln", sagt Gisela Prüll über die Nachfrage nach den Babymützen mit Bändchen.
Farbenfroh präsentiert sich das von einem jungen Grafikdesigner kreierte Logo für das WestenTascherl und entsprechend groß ist die Farbpalette der Wolle. Gisela Prüll erzählt, dass für die Buben gerne klassische Trachtenfarben wie Hell- oder Dunkelgrau in Kombination mit Grün sowie kräftiges Jeansblau mit Braun beziehungsweise Grau gewählt werden. Angesagt bei den Mädchen ist häufig zartes Rosa, wobei nach Worten der Expertin auch Hellgrau wunderbar mit der Trendfarbe Brombeere harmoniert. Knopftechnisch hat der Kunde die Qual der Wahl, vom traditionellen Hirsch-

horn über witzige Mini-Brezen bis hin zu Herzerln und Blümchen. Auf Wunsch personalisiert Gisela Prüll die Janker und Westen, stickt den Vornamen des Kindes auf – oder auch mal einen „Lauser“, wie in Bayern ein Frechdachs liebevoll genannt wird. Tochter Franzi unterstützt ihre Mama tatkräftig, bringt sich mit Ideen für die Vermarktung und Vertrieb ein, rückt fotografisch die Outfits für den Internet-Auftritt ins rechte Licht und bespielt den Instagram-Account. Westen-Taschерl 2.0 sozusagen, wenngleich Gisela Prüll gesteht, dass ihr der direkte Kontakt zu den Kunden am liebsten ist. Den sucht sie beispielsweise bei der forstlichen Weihnacht auf ihrem Hausberg, dem Amberger Mariahilfberg, oder bei speziellen Themenmärkten des Bauernmarktes auf dem Marktplatz. Sie bestückt Popup-Stores genauso wie das „Lieblingswerk“ in der Altstadt, einen Laden für Handgemachtes. Narrisch freut sie sich, dass ihre Kinderstrickmode auch schon den Weg von der Oberpfalz nach Amerika und Singapur gefunden hat.

Sneaker-Socken oder Strümpfe sind nur einige der gestrickten Trachten-Accessoires für den Nachwuchs. Foto: Hannelore Zapf

WESTENTASCHERL AMBERG

Am Schiederberg 2

92224 Amberg

Telefon: 01520/2750485

kontakt@westentascherl-amberg.de

www.westentascherl-amberg.de

Foto: Biokäserei Wohlfahrt

VOM BAUERNHOF ZUR BIOKÄSEREI

In Weißenberg lebt eine Familie ihre Leidenschaft für Käse aus

Eine Vorliebe für Käse hatte Harald Wohlfahrt schon immer, in seiner Kindheit gab's ihn vor allem bei der Oma. Käse haben er und seine Frau Heidi stets im Kühlschrank vorrätig. Sollte er doch einmal ausgehen, der Weg zum Nachschub wäre nicht weit. Im beschaulichen Weißenberg betreibt das Ehepaar seine Biokäserei.

Deren Erfolgsgeschichte begann mit dem Bauernhof, den Heidi Wohlfahrt von ihren Eltern erbte und für den sie ihren Traumberuf Lehrerin aufgab. Ihr Mann hängte an das Betriebswirtschaftsstudium noch eine landwirtschaftliche Ausbildung dran, um gewappnet zu sein für 80 Milchkühe, Grasland und Ackerbau. Nach zehn Jahren stieg die Familie 1989 auf strikten ökologischen Landbau um. In Harald Wohlfahrt reifte zusätzlich die Idee heran, den Rohstoff Milch mit seiner Vorliebe für Käse zu verbinden. Einen Mitstreiter fand er in Molkereifachmann Rainer Gnahn, dessen Reich fortan die gerade mal 25 Quadratmeter große Käseküche war.

Seniorchef Harald Wohlfahrt hat seine Vorliebe für Käse zum Beruf gemacht.
Foto: Biokäserei Wohlfahrt

2010 stiegen die Wohlfahrts aus der Milchviehhaltung aus, beziehen seitdem ihre Kuh-, Schaf- und Ziegenmilch ausschließlich von ausgewählten, Bio-zertifizierten Höfen, bevorzugt aus der Region. Magdalena Wohlfahrt, die jüngste Tochter, unterstützt ihre Eltern in der Geschäftsführung, 2019 wurde am Ortsrand von Weißenberg eine neue Käserei mit über 20 Mitarbeitern, darunter zwei Käsemeister, errichtet.

Handwerkliche Käseherstellung als eine Jahrhunderte alte Tradition basiert im Prinzip auf sauer gewordener

Käser Rainer Gnahn ist der Mann der ersten Stunde.
Foto: Biokäserei Wohlfahrt

Rohmilch, wobei Säuerungsbakterien und Lab diesen Prozess beschleunigen. Beides wird zur schonend erhitzten Milch gegeben. Durch die Gerinnung trennt sich die flüssige Molke von den festen Bestandteilen. Die gallertartige Masse wird in Stücke geschnitten und geformt. Baden in Salzlake, Ruhen im Reifekeller (je nach Sorte von wenigen Monaten bis zu zwei Jahren), regelmäßiges Bürsten und Wenden, optimale Temperatur und richtige Luftfeuchtigkeit: Das Wellness-Programm für die runden Laibe rundet den Geschmack ab. Weil Käse eben nicht gleich Käse ist, werden in Weißenberg Frischkäse, Weich- und Schnittkäse sowie lang gereifter Hartkäse produziert. Veredelt mit weißem Außenschimmel oder Rotschmier, verfeinert mit Kräutern, Blüten und Gewürzen, vielfach variiert: So entstehen aus einem harten Kern mit 15 Sorten annähernd 90 verschiedene Spezialitäten.
Dazu zählen der „Weißenberger“ als nach wie vor sehr beliebtes Urgestein, der „Hensl“, der dem Hausnamen ein lukullisches Denkmal setzt, die „Oberpfälzerin“ und ihr männliches Pendant, der „Amtsschimmel“, und das „Zicklein“. Und „VeMiMa“ heißt deshalb so, weil er der Lieblingskäse der drei Töchter Veronika, Miriam und Magdalena ist. Auch die acht Enkel sind Namenspatrone, zum Beispiel für „Klarabella“ und „Quirinello“.

Beliefert werden Natur- und Feinkostläden, Käsefachgeschäfte, Lebensmittelläden, Hof- und Bauernläden in ganz Bayern, teilweise auch in Baden-Württemberg, Hessen, Thüringen und Sachsen.
„Vom Dorfwirtshaus bis zur Sterneküche", beschreibt Harald Wohlfahrt den Abnehmerkreis aus der Gastronomie. Aufgetischt wird Käse aus Weißenberg in Wellness-Hotels im Bayerischen Wald und den Restaurants von TV-Koch Alexander Herrmann. Gereicht wurde er schon dem erlauchten Publikum auf dem Grünen Hügel. Wobei sich mit den Wagner-Festspielen für Harald Wohlfahrt familiär der Kreis schloss: In Bayreuth hatte schon sein Patenonkel, der Tenor Erwin Wohlfahrt, gesungen.
Auf der Oidn Wiesn des Münchner Oktoberfests stand internationales Publikum an der Käsehütte Schlange. Als rollende Käsetheke wird der Verkaufsanhänger im Sommer auf Bergfeste und zu Kirwan in der Region gezogen. Ansonsten kauft die Kundschaft auf Wochenmärkten, unter anderem in Sulzbach-Rosenberg und Weiden, sowie donnerstags und freitags im Hofladen in Weißenberg ein.
„Am Käse kannst dich einfach nicht satt essen", sagt Harald Wohlfahrt, der sich über ein Lob aus berufenem Munde freuen darf: Das führende Gourmet-Magazin „Der Feinschmecker" kürte seine Familie zu den „besten Käseproduzenten Deutschlands".

BIOKÄSEREI WOHLFAHRT
Weißenberg 1
92265 Edelsfeld
Telefon: 09665/8126
info@biokaeserei-wohlfahrt.de
www.biokaeserei-wohlfahrt.de

Von Hand wird der Weichkäse verpackt. Foto: Biokäserei Wohlfahrt

Foto: fp knives

SCHNEIDEN MIT STIL

Vom Reiz, ultimative Schärfe aus dem Stahl herauszukitzeln

Vom ersten Entwurf bis zum finalen Feinschliff erledigt Florian Prößl alles in seiner Werkstatt, die er sich im Keller seines Eigenheims in Ehenfeld bei Hirschau eingerichtet hat. „fp knives“ nennt sich sein Ein-Mann-Unternehmen, das er im Nebenberuf betreibt. Für Messer begeistert er sich seit seiner Kindheit. Als kleiner Bub stand er mit glänzenden Augen neben dem glühenden Eisen in der Schmiede seines Großvaters. Durfte den Schleifstein drehen, während der Opa die Messer schliff. „Man muss einen Hang zur Perfektion haben“, sagt der Metallbaumeister und Schweißfachmann über seine Passion, Messer zu fertigen, die auf die Bedürfnisse ihrer Besitzer zugeschnitten sind. Ob Profi- oder Hobbykoch, Jäger oder Outdoor-Fan: Jeder stellt andere Ansprüche an ein Messer, die Florian Prößl in Stahl umsetzt. Größten Wert legt er auf qualitativ hochwertiges Material. Seinen Stahl bezieht er von kleinen Stahlmanufakturen, zumeist aus Deutschland. Beim Damast, dem ob seines herrlichen Musters, seiner Schnitthaftigkeit, seiner Schärfe und seiner guten Nachschärfbarkeit häufig der Vorzug gegeben wird, setzt er auf schwedischen Stahl. Form und Klinge sind eine Frage des Zwecks, der Griff ist Geschmackssache. Wobei Florian Prößl schon wichtig ist, dass das Gesamtbild passt. „Ich mache nichts, wovon ich nicht überzeugt bin.“ Vereinfacht gesagt ist ein Messer das Ergebnis unzähliger Schleifvorgänge – mit dem Ziel, die Klinge vorsichtig dünner und dünner zu machen, aus dem Stahl die ultimative Schärfe herauszuholen. Wobei der erste

Vom Messersammler zum Messermacher: Florian Prößl. Foto: fp knives

Höchste Konzentration beim Härten und Abschrecken der Klinge. Foto: fp knives

Ein Messer ist das Ergebnis unzähliger Schleifvorgänge. Foto: fp knives

Eine Frage des Geschmacks: eine kleine Auswahl an Griffmaterial. Foto: fp knives

Schritt zur Feinarbeit eher gröberer Natur ist: Der von Hand gezeichnete und auf den Stahl übertragene Entwurf wird ausgeschnitten. Den Rohling auf Kontur schleifen, ihn im Feuer bei über 800 Grad aushärten, im Härteöl abschrecken, bei 200 Grad anlassen, die Schneide schleifen, den Griff anpassen, die Klinge auf Rassiermesserschärfe bringen: Je nach Aufwand vergehen zwischen 20 und 35 Arbeitsstunden. Mit Körpereinsatz erledigt der Ehenfelder finale Tests: Er streift mit der Klinge über den Fingernagel, um eventuelle Unebenheiten aufzuspüren, und streicht sie sacht über den Unterarm, um die Rassiermesserschärfe zu testen.

Hauptsächlich würden Allzweckmesser in Auftrag gegeben, sagt Prößl. Also die Alleskönner für die Küche, wobei auch Gemüsemesser immer mehr im Kommen sind. Berufsköche legen weniger Wert auf die Optik, für sie ist die Performance wichtig: Wer den ganzen Tag mit dem Messer hantiert, kann keinen schweren Griff gebrauchen. Wer es besonders edel mag, wählt für den Griff außergewöhnliches Holz wie Koa-Akazie aus

Hawaii oder Wüsteneisenholz aus Arizona. Durch Instagram werden auch Kunden aus dem Ausland auf Florian Prößl aufmerksam. Zwei Messer hat er nach Irland verkauft, eines nach Schweden. Eine in der Oberpfalz stationierte US-Soldatin orderte drei Jagdmesser für die Ranch ihrer Familie in Texas.

Um ein Leben lang Freude an einem handgemachten Messer zu haben, sei eine gute Pflege unabdingbar, schärft Prößl seinen Kunden ein. Als Schneidunterlage empfiehlt er ein Stirnholzbrett aus Buche oder Eiche. Die Spülmaschine sollte das gute Stück nicht von innen sehen.

Nach Gebrauch sollte das Messer mit lauwarmem Wasser gereinigt, Holzgriff und Klinge sollten gelegentlich mit einem Tropfen Olivenöl eingerieben werden. Das Messer sollte sich keinesfalls mit anderen Küchenhelfern in der Schublade ins Gehege kommen.

Bei nachlassender Schärfe ist ein Abziehleder das Mittel der Wahl.

In Florian Prößls Werkstatt steht ein Wasserschleifstein, der per Hand betrieben wird. Und ein Amboss. Beides Erbstücke vom Opa. Sie wecken in ihm nicht nur Kindheitserinnerungen, sondern auch den Wunsch, irgendwann einmal eine eigene Schmiede einzurichten – Stahl und Schweiß gehören irgendwie eben doch zusammen.

Eine Klinge aus Damaststahl macht mustermäßig mächtig was her.
Foto: fp knives

FP KNIVES
Ehenfeld 310
92242 Hirschau
Telefon: 0175/2054043
fpknives@yahoo.com
www.fpknives.com

Foto: Kristina Sandig

DAS AROMA DER STREUOBSTWIESE

In Elbart haben die Kleinkunst und die Edelbrände eine Bühne

In Elbart liefert die Streuobstwiese den Stoff, aus dem die Edelbrände sind. Und die ist gerade mal 200 Meter von der Schnapsbrennerei entfernt. Regionaler geht es nicht. Auf Regionalität legen Günter Preuß und sein Schwager Alois Dalles größten Wert. Preuß war Bankkaufmann in Düsseldorf und hatte sich für die Zeit nach dem Berufsleben viel vorgenommen. Mit seiner Frau Anna sanierte er deren Elternhaus in Elbart. Den über 100 Jahre alten Stodel baute er zur Kulturscheune aus, um der Kleinkunst eine Bühne zu geben. In der Schnapsbrennerei, mit der Preuß dem einstigen Kartoffelkeller aufs Dach stieg, sind alte Obstsorten die Stars.

Alois Dalles führt inzwischen die von seinem Schwager Günter Preuß gegründete Brennerei. Foto: Kristina Sandig

Der Weg von der rohen Frucht zum edlen Tropfen ist weit. Am Anfang steht die Streuobstwiese mit den 120 Apfel-, Birn-, Zwetschgen-, Mirabellen- und Quittenbäumen sowie Schlehen- und Vogelbeerenhecken. Verwendet wird nur eigenes Obst, vollreif, von Hand sortiert, befreit von Stielen, Blättern und schadhaften Stellen. „Wir kaufen kein einziges Kilo zu“, versichert Preuß. Im Schnitt werfe der Obstgarten jährlich fünf bis acht Tonnen an Früchten ab, in Spitzenjahren bis zu zehn Tonnen.

Das zerkleinerte Obst wird eingemaischt und gärt, je nach Sorte, zwischen vier bis zehn Wochen, ehe es in die Brennblase des mit Holz aus dem heimischen Wald befeuerten Brennofens geleitet, dort schonend und gleichmäßig erhitzt wird.

Destillation bedeutet nichts anderes, als den in der Maische enthaltenen Alkohol mit den Aromastoffen von

Der Brennofen ist das Herzstück.
Foto: Feig Fotodesign

den übrigen Bestandteilen zu trennen. Dabei nutzt der Brenner neben Erfahrung, Feingefühl, guten Geschmacksnerven und dem richtigen Riecher ein simples Naturgesetz: Alkohol siedet früher als Wasser. Wie Preuß erklärt, besteht die Kunst des Brennens darin, den erwünschten Mittellauf, in der Fachsprache auch „Herzstück" genannt, vom Vor- und Nachlauf und damit von ungenießbaren Alkoholen, Methanol und Fuselölen sauber abzutrennen.

Das geschieht in Elbart recht großzügig. Günter Preuß und Alois Dalles wissen, die Ausbeute ist dadurch zwar geringer, das Ergebnis aber umso genussvoller. Bei der Vogelbeere wird dies besonders deutlich: „100 Kilo ergeben ein- bis eineinhalb Liter hochprozentigen Brand", sagt Dalles.

Ihren fünffach gebrannten Herzstücken gönnen die beiden Männer hernach viel Ruhe in Stahlfässern. Der Dornröschenschlaf der Destillate dauert zwar keine 100 Jahre, mindestens aber fünf. Erst danach werden sie auf Trinkstärke herabgesetzt und abgefüllt. Alle Elbarter

Alle Destillate aus Elbart sind auf 42 Prozent eingestellt.
Foto: Kristina Sandig

Edelbrände sind auf 42 Prozent Alkoholgehalt eingestellt und zählen somit zur kräftigeren Fraktion.
Das Sortiment ist überschaubar, aber sehr fein. Bei den Bränden gibt es neben Alter Apfel, Birne, Quitte, Alte Zwetschge, Mirabelle, Schlehe, Vogelbeere und Holunder noch den Obstler, bei dem die Zwetschge dem Apfel und der Birne ein wenig die Schau stiehlt. Zudem produziert die Schnapsbrennerei eine Handvoll Liköre (Schlehe, Kirsche, Himbeere, Walnuss und Eierlikör) sowie den Dalvados, der eigentlich ein Calvados ist und im Barrique-Fass reift, wodurch das Eichenholz sein samtig-fruchtiges Aroma unterstreicht und ihm seine Bernstein-ähnliche Farbe verleiht. Seit wenigen Jahren gibt es einen feinen Gin, schließlich ist der Landkreis Amberg-Sulzbach auch ein Wacholder-Land.
Ihrer hochprozentigen Leidenschaft frönen die Schwager gemeinsam, seit 1. Januar 2022 führt Alois Dalles die Brennerei. Die Kundschaft kommt aus der Gegend, in einem Radius von 50 Kilometern. Edelbrände aus Elbart haben einige Gastronomen in der Region auf der Karte, im Regio-Markt der Volksbank in Amberg greifen die Kunden ebenfalls gerne danach. Werbung für ihre Destillate müssen Preuß und Dalles nicht machen, auf dem Land läuft die Mundpropaganda noch wie geschmiert. Eine Verkostung ihrer Spirituosen bietet die Schnapsbrennerei ab zehn Personen an. Zur Brotzeit werden Brände probiert, nach vier verschiedenen Sorten ist Schluss – bei mehr würde zwar vielleicht der Magen noch nicht rebellieren, wohl aber wäre der Gaumen nicht mehr empfänglich für die einzelnen Aromen. Und auf die kommt es schließlich an.

SCHNAPSBRENNEREI ELBART

Im Dorf 15
92271 Freihung
Telefon: 09646/809117
schnapsbrennerei-elbart@gpreuss.de
www.schnapsbrennerei-elbart.de

Foto: Dr. Melanie Burgemeister

AUF TUCHFÜHLUNG MIT DEM MITTELALTER

Melanie Burgemeister näht historische Kleidung nach Maß

Eine Nähmaschine sucht man in diesem Atelier vergeblich. Stattdessen findet man Nähnadeln, Fingerhüte und -ringe, Bienenwachsriegel und Garne, die mit pflanzlichen Pigmenten nach historischen Rezepten gefärbt sind. Bei „Faser und Stoff" in Holzmühle bei Rettenbach entsteht historische Kleidung in Maßarbeit, handgenäht von Inhaberin Dr. Melanie Burgemeister. Das Mittelalter sowie die Renaissance und speziell die Mode dieser spannenden Epochen sind für die gebürtige Regensburgerin Passion und Profession.
Der fachlichen Expertise kann sich die Kundschaft gewiss sein: Melanie Burgemeister studierte Vergleichende Kulturwissenschaft und Geschichte an der Universität Regensburg und wurde 2018 mit ihrer Arbeit zu Kleiderordnungen von 1470 bis 1485 am Beispiel der Städte Nürnberg, Regensburg und Landshut promoviert.
Im Auftrag des Hauses der Bayerischen Geschichte rekonstruierte sie das Ensemble einer Bürgerin um 1470 für die Landesausstellung „Stadt befreit. Die Wittelsbacher Gründerstädte", die 2020 im schwäbischen Friedberg zu sehen war.

Dr. Melanie Burgemeister ist auf die Kleidung des Mittelalters und der Renaissance spezialisiert.
Foto: Dr. Melanie Burgemeister

„Ich arbeite wie ein historischer Schneider", sagt Melanie Burgemeister. Sie beherzigt, was seinerzeit Gesetz war: Ein Schneider war niemals zugleich Tuchhändler. Deshalb hat die gelernte Großhandelskauffrau keine

Historie und Moderne treffen aufeinander. So macht Bienenwachs beim Nähen die Woll- und Leinenfäden stabiler und glatter.
Foto: Dr. Melanie Burgemeister

Stoffe auf Lager, sondern bestellt nur auf Kundenwunsch. Da trifft es sich gut, dass in der Oberpfalz die älteste Tuchfabrik Deutschlands ansässig ist: Mehler in Tirschenreuth, gegründet 1644.
Die Textilien des Mittelalters entstanden gänzlich ohne Schnittmuster, wurden lediglich aus Rechtecken und Dreiecken zusammengesetzt, was den Verschnitt auf ein Minimum reduzierte. Selbstredend hält sich Melanie Burgemeister auch daran. Genauso wie sie beim Färben ihres Woll- und Seidengarns auf überlieferte Rezepturen und althergebrachte Färbepflanzen wie Krappwurzel, Indigo, Reseda und den Farbstoff der Cochenilleläuse setzt. Ihr gefärbtes Garn verwendet sie nicht nur selbst, sondern bietet es auch feil. Wobei man für die Bestellung natürlich nicht extra einen berittenen Boten nach Holzmühle schicken muss, sondern neuzeitlich-bequem im Online-Shop ordern kann.
Viele Mittelalter-Begeisterte, die im Textilatelier eine historisch korrekte Ausstattung in Auftrag geben, gehen gleich in die Vollen. Sprich: Sie lassen sich komplett ausstaffieren, sowohl mit Unter- als auch Oberbekleidung. Wer sein Outfit stilecht mit Schuhen abrunden will, ist in Holzmühle ebenfalls an der richtigen Adresse: Melanie Burgemeisters Mann Stefan hat sich mit seinem Atelier „Maßwerk“ auf historische Schuhe vom 10. bis

18. Jahrhundert und Lederaccessoires wie Beutel, Gürtel und Handschuhe spezialisiert. Den einen oder anderen Auftrag dafür bekommt der Maßschuhmacher auch aus der Filmindustrie.

Wer sich in Holzmühle von Kopf bis Fuß einkleiden lässt, ist längst nicht mehr nur von Flair und Ambiente der Mittelaltermärkte angetan, sondern taucht regelmäßig ein in die Lebenswelt von anno dazumal und möchte eben authentisch gekleidet sein. „Gelebte Geschichte" nennt sich das, der Fachbegriff dafür ist „Living history". Sowohl Privatleute als auch Museen gehören zum Kundenkreis von Melanie Burgemeister. Einige von ihnen lassen mehrmals nähen. Die Frauen zum Beispiel, weil sie sich zum vorhandenen einfachen Kleid für das Lagerleben noch ein festliches für Umzüge wünschen. „Gelegentlich wird auch das Jahrhundert gewechselt", weiß Melanie Burgemeister, für die die Zeit um 1500 mit all ihren bedeutenden Umbrüchen die spannendste Epoche überhaupt ist.

Für die bayerische Landesausstellung 2020 rekonstruierte Dr. Melanie Burgemeister die Kleidung einer Bürgerin um das Jahr 1470. Foto: Dr. Melanie Burgemeister

FASER UND STOFF – TEXTILATELIER DR. MELANIE BURGEMEISTER

Holzmühle 4a

92191 Rettenbach

Telefon: 09462/8783088

mail@faser-und-stoff.de

www.faser-und-stoff.de

Foto: Fluco

ELEGANTE MEISTERSTÜCKE FÜRS HANDGELENK

In rund 50 Arbeitsschritten zu hochwertigen Uhrarmbändern aus Leder

Wer die Zeit im Blick haben will und auf die Uhr schaut, übersieht nur zu gerne, was dabei die tragende Rolle am Handgelenk spielt: das Uhrarmband. Diese anschmiegsamen Alltagsbegleiter aus Leder fertigt Ulrich Fleischmann mit 35 Mitarbeitern in Furth im Wald – in rund 50 Arbeitsschritten und detailverliebter Handarbeit.

Gegründet worden war die Manufaktur 1952 von seinem Großvater, einem Feintäschner, der zunächst hauptsächlich Kleinlederwaren, aber auch schon Uhrarmbänder produzierte. Ulrich Fleischmann ist die dritte Generation, nach dem plötzlichen Tod seines Vaters hatte er als 21-Jähriger 1993 die Verantwortung für die Firma übernommen.

Wer durch die Produktionshalle von Fluco geht, erlebt hautnah und Schritt für Schritt, wie handwerkliche Meisterstücke entstehen. Am Anfang steht edles Rinderleder, das Ulrich Fleischmann aus Italien und den USA, aber zum größten Teil aus einer Entfernung von gerade mal zwei Kilometern Luftlinie bezieht. Von der Lederfabrik Perlinger, die seinem Schwager gehört und eine der letzten Kalbsleder-Gerbereien der Republik ist. Wer's exklusiver mag, Fluco verwendet auch Exoten-Leder: Straußen-, Eidechsen-, Stachelrochen- und Haifischleder sind die Business Class, das Leder von aus Zucht-

Die „Fleischmänner" von Fluco aus Furth im Wald: Ulrich Fleischmann und sein Sohn Ludwig. Foto: Fluco

Ein Blick ins Lederlager. Foto: Fluco

Der letzte Schliff: Mensch und Maschine setzen die präzisen Nähte. Foto: Fluco

Die Fäden werden per Hand abgebrannt. Foto: Fluco

farmen in Louisiana stammenden Alligatoren ist die First Class. Die spezielle Artenschutzfahne, die als Legalitätsnachweis an jedem Reptilienband per Plombe befestigt wird, garantiert, dass der Artikel den Bestimmungen des Washingtoner Artenschutzabkommens entspricht.

Ein Uhrarmband besteht grundsätzlich aus zwei Teilen: Das Oberleder ist die Schokoladenseite, das Futterleder der robuste Unterbau, essentiell für den Tragekomfort und entscheidend für die Lebensdauer. Hauptfeinde des Leders sind der menschliche Schweiß und die beim Schwitzen ausgeschiedenen Salze, die mit der Zeit dem Leder stark zusetzen, es unansehnlich und brüchig werden lassen. „Das Uhrarmband sollte man alle ein- bis eineinhalb Jahre wechseln", rät Ulrich Fleischmann, der viele Einzelanfertigungen höchstpersönlich erledigt.

Einige der wenigen Maschinen in seiner Manufaktur stammen noch aus der Anfangszeit und erweisen sich als zuverlässige Arbeitstiere im täglichen Einsatz.

Mitarbeiter, die teils 40 Jahre und länger im Betrieb sind, stanzen die Bänder in einer Breite zwischen acht und 30 Millimetern aus den Lederstücken aus. Sie bringen sie auf Stärke, schärfen die Kanten und setzen die Löcher. Sie leimen mit Klebstoff auf Wasserbasis Ober- und

Unterleder zusammen, lackieren und polieren von Hand die Schnittkanten. Sie fertigen die Schlaufen, bauen die Schließen ein, die Fluco vom letzten Schließen-Hersteller in Deutschland nahe Pforzheim bezieht, und verleihen mit der präzise gesetzten Naht dem Uhrband den letzten Schliff. Die Fäden werden per Hand abgebrannt, das Band mit „Handgemacht in Deutschland" gestempelt und mit dem Logo gebrandet.
Letzter Akt nach der Qualitätskontrolle: Mit geübtem Auge erkennt die „Partnervermittlung" auf den ersten Blick, wer mustermäßig optimal zusammenpasst, und verheiratet die Single-Bänder. Fluco produziert für namhafte Uhrenfirmen wie Nomos im sächsischen Glashütte, für diverse Juweliere und für den eigenen Online-Shop, den Ulrich Fleischmanns Sohn Ludwig, der 2021 mit in die Firma eingestiegen ist, aufgebaut hat. „Made in Germany" aus Furth im Wald wird nicht nur in Deutschland beziehungsweise in Europa geschätzt, sondern auch in Amerika und Japan.

FLUCO
ULRICH FLEISCHMANN E.K.
Nordgaustraße 4
93437 Furth im Wald
Telefon: 09973/2028
info@fluco.de
www.fluco.de

Ulrich und Ludwig Fleischmann gehen mit der zeitlosen Schönheit fürs Handgelenk natürlich auch mit der Zeit. So werden alternativ zum Tierleder vegane Varianten aus Weintrester hergestellt, aber auch spezielle Lederbänder für die Apple-Watch und solche für Schnellwechselsysteme gefertigt. „Jedes Band ist ein Unikat, auch wenn in einer Serie 50 oder 100 davon gefertigt werden", betont Ulrich Fleischmann die individuelle Note und freut sich, dass neben dem klassischen Schwarz und Braun in jüngster Zeit wieder mehr Farbe am Handgelenk getragen wird.

Glaskunst Elke Frisch

Foto: Astrid Fischer-Stahl

DIE KUNST, DIE AUS DER HITZE KOMMT

Im Lamer Winkel haben sich zwei Frauen auf Glasfusing spezialisiert

Wer im Bayerischen Wald von Lohberg zum rund zehn Kilometer entfernten Arber fährt, kommt unweigerlich am Atelier von Elke Frisch und Roswitha Dimpfl vorbei. Farbenfrohe Glaskunst im Vorgarten grüßt die Ausflügler und Urlauber, wenn sie auf der Arberstraße um die Kurve biegen. Als Elke Frisch nach 25 Jahren arbeitslos geworden war, weil die Glashütte „Alte Kirche" in ihrem Heimatort zusperren musste, steckte sie nicht etwa den Kopf in den Sand, sondern beherzigte ein weises Sprichwort: „Wo eine Tür zugeht, geht eine andere auf". In ihrem Fall war das die Tür zum früheren Lebensmittelgeschäft ihrer Mutter. Dort richtete sie sich ein Atelier für Glaskunst ein, das sie zusammen mit Roswitha Dimpfl betreibt.

In einem speziellen Ofen werden die Glasstücke bei bis zu 800 Grad Celsius miteinander verschmolzen.

Foto: Kristina Sandig

Die Frauen stellen nicht nur einfach Zerbrechliches her. Sie haben sich bei ihrer Glaskunst auf die Fusing-Technik spezialisiert. Fusing bedeutet nichts anderes als Verschmelzung. Das heißt, verschiedene Glasstücke werden in einem speziellen Glasofen bei circa 800 Grad miteinander verschmolzen – so entsteht Kunst, die aus der Hitze kommt.

Zur Technik des Fusings war Elke Frisch über die Flachschmelzöfen in der Glashütte „Alte Kirche" gekommen. Theodor G. Sellner hatte dort 1998 die Glastradition in Lohberg wiederbelebt, die dann ab 2007 Hubert Hödl fortsetzte. Schon erste Experimente von Elke Frisch mit Glasresten konnten sich sehen lassen: Kreuze und bunte Clowns.

Grundlage fürs Fusing sind klare Glasplatten in einer Stärke von zwei bis sechs Millimetern. Mit flinken

Händen und dem Glasschneider werden entsprechende Zuschnitte abgetrennt und verschieden angeordnet – je nachdem, was entstehen soll. Elke Frisch und Roswitha Dimpfl arbeiten auch mit Glaskrösel in unterschiedlicher Körnung, also kleinen Glasstücken, die durch das Zerstoßen von Farbglas entstehen, oder sie bestäuben die durchsichtigen Zuschnitte mit farbigem Glaspulver. „Es ist ein bisschen wie Pizza belegen“, sagt Elke Frisch. Mit dem Unterschied, dass aus dem bis zu 830 Grad heißen Ofen keine Margherita, Funghi oder Calzone kommt, sondern Schalen und Wandbilder, aber auch Figuren wie Katzen, Füchse und Dackel. Die miteinander verschmolzenen Zuschnitte zeichnen sich durch sanft verlaufende Übergänge und eine hohe Brillanz der Farben aus.
Fröhliche Farben wie leuchtendes Rot, sattes Grün, kräftiges Orange und strahlendes Gelb sind Trumpf bei den beiden Glaskünstlerinnen. Die Frauen sind sich absolut einig: „Mit Glas zu arbeiten, macht Spaß.“ Umso

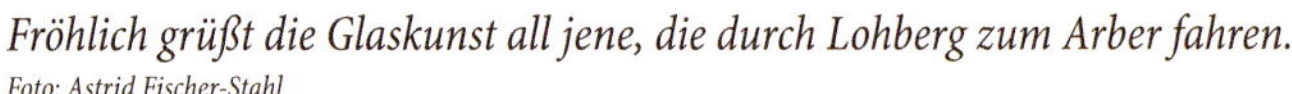

Fröhlich grüßt die Glaskunst all jene, die durch Lohberg zum Arber fahren.
Foto: Astrid Fischer-Stahl

mehr freuen sie sich, wenn andere Freude an ihren Objekten haben, in die sich selbst Kupfer oder Blattgold einarbeiten lassen.
Das Schmelzen ist Gefühlssache, die richtige Temperaturführung das A und O. So darf sich das Glas nicht verflüssigen; kühlt es nach dem Verschmelzen zu schnell ab, springt es. Elke Frisch und Roswitha Dimpfl beherrschen das Spiel mit der Hitze.
Wird bei nicht ganz so hohen Temperaturen verschmolzen, bleibt die Oberflächenstruktur erhalten. Und die wiederum kommt in den Schalen besonders gut zur Geltung. Zum Beispiel in der Serie mit originellen Männchen, deren Körper verschiedene geometrische Formen sind.
Die Auswahl an Glasunikaten aus dem Lamer Winkel ist groß und reicht von kleinen Glücksbringern bis hin zu Uhren, Wand- und Stehleuchten. Bei der Gartendeko kombinieren die Frauen stilvoll Glas und Metall und kooperieren mit Elke Frischs Sohn Josef, der einen eigenen Maschinenbaubetrieb hat. Gefallen an der Glaskunst aus Lohberg finden auch viele Urlauber und Ausflügler, die vom Arber kommen und Designobjekte aus einem faszinierenden Werkstoff als Andenken mit nach Hause nehmen. Experimentierfreudigkeit, ein kreatives Miteinander und die Liebe zu Glas und dem, was daraus entstehen kann: Elke Frisch und Roswitha Dimpfl setzen in Lohberg und damit am Fuße der beiden Berge Osser und Arber die Bearbeitung eines zwar zerbrechlichen, aber auch unglaublich zeitlosen Werkstoffs fort. Und das hat schließlich im Bayerischen Wald eine lange Tradition.

GLASKUNST ELKE FRISCH

Arberstraße 2
93470 Lohberg
Telefon: 09943/621
elkefrisch@gmx.de
www.elke-frisch.de

Foto: Kaffeerösterei Chamer Land

DOPPELTES GLÜCK IN SÜDOSTASIEN

Kaffeerösterei Chamer Land mit eigener Plantage im Norden von Thailand

Die Geschichte der Kaffeerösterei Chamer Land ist die eines Oberpfälzers aus Roding, der in Südostasien sein Glück fand. Projekte im Automotive-Bereich hatten Jürgen Wittmann nach Fernost geführt. In Thailand lernte er 2011 seine spätere Frau Avou kennen, die in der rauen Bergwelt im Norden des Königreichs Land besaß. Diese drei Hektar bestückte das Paar mit rund 2500 bis 3000 Kaffeepflänzchen, verteilte rund 10 000 weitere an Bauern in der Umgebung und schuf so ein kleines, aber feines Anbaugebiet. Hoch im Hügelland wurden schließlich Kaffeekirschen geernet und weiter verarbeitet. Den Rohkaffee exportierte Jürgen Wittmann an 30 bis 40 Röstereien in ganz Deutschland: „circa 30 Tonnen, zwei Container voll“.

Eine Familie im Kaffee-Glück: Avou und Jürgen Wittmann mit ihrem Sohn Simon vor ihrer Manufaktur in Cham. Foto: Kaffeerösterei Chamer Land

Als 2015 der gemeinsame Sohn geboren wurde, mussten sich die Wittmanns entscheiden: Wollten sie weiterhin in 1500 Metern Höhe als Kaffeebauern von umgerechnet 300 bis 500 Euro leben oder sollte sich der junge Familienvater wieder einen Vollzeit-Job in der Automotive-Branche suchen? Die junge Familie tat weder das eine noch das andere, kehrte stattdessen in die Oberpfalz zurück und gründete eine eigene Rösterei.
Wie der Zufall es wollte, war Martin Faulwasser, ein Koch aus dem Landkreis Straubing-Bogen, auch gerade auf der Suche nach etwas Neuem. Und so bezogen die beiden Unternehmer 2017 das Rathaus-Gewölbe von Cham und teilen sich seither die Leidenschaft für Kaffee und das historische Gebäude am Marktplatz:

Ihr Domizil hat die Kaffeerösterei Chamer Land im historischen Rathaus-Gewölbe am Marktplatz in Cham gefunden. Foto: Kaffeerösterei Chamer Land

Ein herzliches Lächeln der Chefin gibt's beim Kaffee-Kauf gratis dazu.
Foto: Kaffeerösterei Chamer Land

Jürgen Wittmanns Kaffeerösterei Chamer Land und Martin Faulwassers Café namens Kaffeeküche ergänzen sich perfekt. Ein Hingucker im Ladenbereich der Manufaktur ist der Kaffeeröster. Er ist nur noch wenig in Gebrauch, Jürgen Wittmann röstet zwischenzeitlich hauptsächlich in Katzbach, etwa zwei Kilometer außerhalb von Cham. Er schwört auf beste Qualität bei den Kaffeebohnen und schonende Röstverfahren bei geringen Temperaturen um 200 Grad. Wichtig ist ihm, dass die Wertschöpfung bei denen beibt, von denen das Ursprungsprodukt kommt. Mit einem Sozialprojekt im thailändischen Bergdorf Mae u Mong bieten Avou und Jürgen Wittmann den Menschen eine gute Zukunftsperspektive; einmal pro Jahr besuchen sie ihre Kaffeebauern vor Ort. Um die eigene Plantage kümmern sich Avou Wittmanns Geschwister, sie ernten auch die Litschi- und Avocadobäume und Bananenstauden ab, die die Kaffeepflanzen vor der prallen Sonne schützen.
Das Angebot der Kaffeerösterei Chamer Land umfasst 20 Sorten aus 12 Herkunftsländern, von Asien über Afrika bis Mittel- und Südamerika. Unterschiedliche Röstgrade, verschiedene Geschmacksnoten, diverse Mischungen oder Sondereditionen zu speziellen Anlässen: Die Kundschaft aus ganz Deutschland schätzt die Vielfalt. Wer vor Ort ist, kauft im Laden ein, wer weit

weg wohnt, ordert im Online-Shop. Beliefert werden Wiederverkäufer wie Bäckereien und Hofläden. Rewe und Edeka im Landkreis Cham haben die Erzeugnisse der Manufaktur in ihrem Sortiment. Zu den weiteren Abnehmern zählen Gastronomie und Hotellerie im Bayerischen Wald, Firmen und Büros im Landkreis Cham und darüber hinaus. Die meisten Bestellungen im Umkreis liefert der Chef persönlich aus, im Laden arbeitet seine Frau die Online-Bestellungen ab, verpackt, etikettiert, verschickt. Seine Mutter näht aus ausgedienten Kaffeesäcken kleine Täschchen. Tee von ausgewählten Teefarmen aus Thailand, Zubehör wie French Press, Filter für den Filterkaffee, der laut Wittmann wieder stark im Kommen ist, weil er die „einfachste, günstigste und mit die beste Zubereitung ist", und Kaffeemühlen runden das Sortiment ab. Bleibt die spannende Frage, welchen Kaffee denn der Kenner am liebsten trinkt? „Das hängt ganz von der Laune ab", sagt Wittmann lachend. Im Winter gerne klassisch, also würzig-schokoladig, im Sommer auch mal die leichte, fruchtige Richtung. Wobei der private Genuss schon ein bisschen nach Arbeit schmeckt – jeder Schluck aus der Kaffeetasse ist zugleich ein Qualitätscheck.

KAFFEERÖSTEREI CHAMER LAND

Marktplatz 2

93413 Cham

Telefon: 0171/9335936

info@kaffeeroesterei-chamer-land.de

www.kaffeeroesterei-chamer-land.de

Auch Kaffee-Zubehör gehört zum Sortiment.

Foto: Kaffeerösterei Chamer Land

Foto: e + m Holzprodukte

DIE HANDSCHRIFT EINES TRADITIONSBETRIEBES

Edle Schreibgeräte aus Holz sprechen Emotionen an

Die Handschrift steht bei Matthias Bellan auch im Computer-Zeitalter hoch im Kurs. Wichtige Dokumente unterzeichnet er stilecht mit dem Füller, den Einkaufszettel schreibt er mit dem Kugelschreiber. Seit 2021 ist der ausgebildete Holzingenieur, der über 20 Jahre in der Türenindustrie tätig war, Inhaber und Geschäftsführer von e + m Holzprodukte, einem Traditionsbetrieb mit über 100-jähriger Geschichte, dem mangels Nachfolger aus der Gründerfamilie um ein Haar das Aus gedroht hätte.

Inhaber und Geschäftsführer Matthias Bellan schreibt die Geschichte des Neumarkter Traditionsbetriebes fort.
Foto: e + m Holzprodukte

Dem Firmennamen haben sowohl der Gründer als auch der letzte Besitzer aus der Familie ihre Initialen gegeben: Konrad Ehmann das „E" und Wolfram Mümmler das „M". Wie passend, dass auch Matthias Bellan beide Buchstaben in seinem Namen hat. Er und seine elf Mitarbeiter stellen hochwertige Schreibgeräte, Accessoires für den Schreibtisch und nachhaltige Werbemittel wie Chips für Einkaufswagen her – alles aus Holz. Gegründet 1899 von Konrad Ehmann, der zunächst Federhalter aus Holz drechselte, siedelte das Unternehmen Anfang der 1920er-Jahre aus Platzgründen von Nürnberg nach Neumarkt über und avancierte zur größten Federhalterfabrik Deutschlands. Im Zweiten Weltkrieg wurde das Werk komplett zerstört, nach Kriegsende wieder aufgebaut. Ehmanns Urenkel Wolfram Mümmler setzte in den 1980er-Jahren einen weiteren Meilenstein der Firmengeschichte, indem er edle Schreibgeräte aus Holz entwickelte.

Hinter dem doch eher nüchternen Oberbegriff „Schreibgeräte" verbirgt sich, was eine schöne Handschrift unterstreicht: Füller, Füllfederhalter, Kugelschreiber,

Der Mensch arbeitet im Takt der Maschine: Die elf Mitarbeiter teilen die Leidenschaft ihres Chefs für Holz. Foto: e + m Holzprodukte

Für das Innenleben der Stifte werden ausschließlich deutsche Mechanik und Minen verwendet. Foto: e + m Holzprodukte

Dreh- und Druckbleistifte sowie Bleistiftverlängerungen. Für Letztere hat Matthias Bellan einen praktischen Tipp für die Damenwelt parat: Damit verlängern lassen sich auch Stumpen von Kajalstiften fürs Augen-Make-up. „Wir lieben Holz", sagt Matthias Bellan. Holz, das ist in diesem Fall die Buche aus dem Bayerischen Wald, das sind heimische Arten wie Eiche, Kirsche, Zwetschge und Ahorn, der dekorative Nussbaum und die optisch sehr ansprechende Olive. Stifte der Exklusiv-Linie sind Raritäten, gefertigt aus knorrigen Rebstöcken und ausgedienten Rotweinfässern. Die passenden Holzkassetten für diese exquisiten Stücke liefert eine niederbayerische Manufaktur, die ebenso wie e + m im Verein „Deutsche Manufakturen – handmade in Germany" vertreten ist.
„Wer schreibt, der bleibt", zitiert Bellan eine Binsenweisheit. Die Zukunft der Handschrift ist für ihn simple Mathematik: „Bei acht Milliarden Menschen auf der Welt ist immer ein Bedarf an Schreibgeräten da." Über den Großhandel gehen Schreibgeräte aus Neumarkt um den Erdball. Sie sind vor allem in Asien sehr beliebt, wo mit der Kalligrafie die Kunst des schönen Schreibens zelebriert wird. Online ordert vor allem die europäische Kundschaft. Im stationären Handel erhältlich sind die

edlen Stifte mit ausschließlich deutscher Mechanik und Minen in ausgewählten Papeterien sowie in Shops von Museen wie dem Bauhaus-Museum in Weimar oder dem Museum Lothar Fischer vor Ort. Wer im Neumarkter Rathaus heiratet, startet mit einem Stift von e + m als Geschenk der Stadt ins Eheleben.

Wie sehr ein Schreibgerät verbinden kann, beweist ein Brief, der Anfang 2023 in Neumarkt eingetrudelt ist. Beigelegt war ein Stift von e + m, den ein Mann aus den USA von seiner jetzigen Frau beim Kennenlernen geschenkt bekommen hatte und der nach zehn Jahren defekt war. „Wir haben ihn natürlich repariert und aufgefrischt", sagt Matthias Bellan. Drechseln, bohren, schleifen, polieren und ölen ist das Metier der Neumarkter, die auch ein kurioses Nischenprodukt in ihrem Portfolio haben: Rund 10 000 gedrechselte Holzteile verlassen pro Jahr die Manufaktur in Richtung Industrie und kommen als Gelenke in Tierpräparaten zum Einsatz.

E + M HOLZPRODUKTE

Regensburger Straße 95
92318 Neumarkt
Telefon: 09181/297575
info@em-holzprodukte.de
www.em-holzprodukte.de

Mit Stiften aus der Oberpfalz wird rund um den Erdball geschrieben. Foto: e + m Holzprodukte

Foto: Peter Szekacs

SCHÖNER WOHNEN MIT DER KRAFT DER NATUR

Wiedergeburt in der Werkstatt:
Zweites Leben für hochbetagte Eichen

Ein richtiger Prackl muss es schon sein, kein dürres Krischperl. Schnurstracks in die Höhe gewachsen, nicht krumm oder windschief. Altersmäßig dürfen es gerne 120 bis 300 Jahre sein. Ist es dann noch eine Eiche, die solche Gardemaße hat, vom Sturm umgelegt wurde oder einem Baugebiet weichen musste, ist das für Christa und Christoph Braun ein holztechnischer Sechser im Lotto. Das Ehepaar verhilft Baumriesen zu einem zweiten Leben. Die Wiedergeburt erfolgt in der Werkstatt: Aus ganzen, unverleimten Stammbohlen des Altholzes entstehen in reiner Handarbeit moderne Tische für den Wohn- und Arbeitsbereich. Eiche deshalb, weil sie für Christa und Christoph Braun ein kraftvolles Hartholz mit wunderschöner Maserung und typisch für Bayern ist. Wobei die Eheleute beim Baumkauf ihren Aktionsradius auch auf Baden-Württemberg und Thüringen ausdehnen. Dem Stamm rücken sie mit einer mobilen Säge zu Leibe, die einzelnen Bohlen trocknen sie mindestens vier Jahre im Freien vor ihrer Manufaktur, die sich „holz elf" nennt. „holz elf" nicht etwa, weil sie 2011 gegründet wurde – was ja naheliegend wäre. Vielmehr stehen die drei Kinder mit den Anfangsbuchstaben ihrer Vornamen Pate: Emilia, Luisa, Fiona. Dass ihre älteste Tochter Luisa ihre Leidenschaft für Holz teilt und sich für eine Schreinerlehre entschieden hat, freut die Eltern besonders. Vier von fünf Kunden geben laut Christa Braun einen Esstisch in Auftrag. Ein Esstisch, sinniert die gelernte

Ein Tisch aus der Röckersbühler Manufaktur steht auch im Maybach-Museum in Neumarkt. Foto: holz elf

Maßarbeit mit Augenmaß: Christoph Braun in seiner Werkstatt.
Foto: Peter Szekacs

Industriekauffrau, die ihre Liebe zu Holz mit Drechsel- und Bildhauerkursen vertiefte, ist der Mittelpunkt des Hauses. Hier wird gegessen und geredet, gespielt und gearbeitet – „und hoffentlich viel gelacht". Bestellt werden aber auch Tische fürs Wohnzimmer, Hochtische, Konferenztische, Theken und Tische für Restaurants, Museen oder Galerien, ergänzt ihr Mann, der Schreiner gelernt hat und auch als Krankenpfleger arbeitete, ehe er zu seinen beruflichen Wurzeln zurückkehrte.

Pro Jahr fertigt das Paar im Schnitt 15 große Tische und einige kleinere Werke. Allesamt auf Bestellung, immer Unikate, deren unverwechselbare Optik die Natur schuf. Hie und da lugt ein Astloch hervor, spiegelt ein Riss den Lauf eines langen Baumlebens wider. Legt Christoph Braun in der Werkstatt Hand am Stammholz an, entrindet er mit einem Zugeisen die Baumkante, ohne deren natürliche Form zu verändern. Später wird die Oberfläche gehobelt, geschliffen, gebürstet und zu guter Letzt gewachst oder eingeölt. Wobei immer mehr Kunden ihren Tisch geköhlt wünschen. Das Spiel mit dem Feuer, bei dem

Das Köhlen der Tische ist eine rußige Angelegenheit. Foto: holz elf

die obere Holzschicht verbrannt wird, ist ein elegantes Finish und bringt die Oberflächenstruktur besonders zur Geltung. Als Unterkonstruktion wird meist Stahl gewählt, manchmal Glas.
Weit über 100 Stunden reine Arbeitszeit sind für ein stattliches Tischunikat keine Seltenheit. Wer sich für einen Designertisch von „holz elf“ entscheidet, muss Geduld haben, bis der neue Mitbewohner einzieht.
Bis zum Tischleindeckdich ziehen locker fünf bis sechs Monate ins Land. Dafür liefern die Brauns frei Haus und gehen bisweilen unkonventionelle Wege, um einen Tisch – bis zu fünf Meter lang und bis zu 500 Kilo schwer – an seinen Bestimmungsort zu bringen. Im Schwäbischen hoben sie per Kran ein Exemplar in ein Penthouse.
2018 bekamen sie den German Design Award im Bereich Furniture. Das Möbelstück mit der schlichten Bezeichnung 0013 überzeugte die Jury: „Das minimalistische Designkonzept ermöglicht es, das natürliche Material mit allen Sinnen wahrzunehmen, wobei die Unterkonstruktion aus Rohstahl-Kufen das puristische Konzept konsequent zu Ende führt.“
Von ihrem Preisträger konnten sich die Brauns lange nicht trennen, taten es dann aber doch. „Der Kunde ist überglücklich“, sagt Christa Braun. Ihr und ihrem Mann gefällt an ihrer Tätigkeit besonders, dass sie jeden Tag kreativ sein können und relativ frei sind bei der Zeiteinteilung. „Wir können unsere Mahlzeiten oft zu fünft einnehmen“, sagt der Hausherr. Am selbstkreierten Familientisch natürlich, der ein kraftvoller Mittelpunkt ihres Zuhauses ist.

HOLZ ELF
Alte Freystädter Straße 9
92361 Röckersbühl
Telefon: 09179/946599
info@holz-elf.de
www.holz-elf.de

Foto: Kristina Sandig

WEIL KUSCHELN GLÜCKLICH MACHT

In den Kissen von Lari Fari steckt die Philosophie des Wohlfühlens

Der Dinkelspelz knistert, die Hirseschalen sind weich und leise, die Kirschkerne rascheln, die Traubenkerne sind kleiner und passen sich besser dem Körper an. Die Kissen von Rita Weber haben es in sich. In ihnen steckt die Philosophie des Wohlfühlens. „Kuscheln macht glücklich", sagt die Gründerin von „Lari Fari". Seit über 20 Jahren sorgt sie mit liebevoll gestalteten, handgenähten und mit Naturmaterialien befüllten Kissen für kleine und große Glücksmomente bei Groß und Klein.

Die Naturkissen waren 1992 ganz unspektakulär bei Rita Weber eingezogen. Nach der Geburt ihres ersten Kindes empfahl ihr die Hebamme ein Stillkissen, die Kollegen gratulierten mit einem Kirschkernkissen zum Nachwuchs. Von beidem war die Pilsacherin so angetan, dass sie sich selbst an die Nähmaschine setzte. Ihr Erstlingswerk war eine mit Dinkel gefüllte Wärme-Ente als Dankeschön an die Hebamme nach der Geburt ihres zweiten Kindes. Das zweite Do-it-yourself-Stück war ein Kirschkernkissen für eine Krebskranke als Mutmacher nach der Chemotherapie. Aus dem anfänglichen Hobby wurde eine Geschäftsidee – das „Lari Fari". Der Name steht für Buntheit und Vielfalt im Leben, für Individuelles und Unkonventionelles.

Rita Weber ist Spezialistin fürs Wohlgefühl. Foto: Kristina Sandig

Wer zu Rita Weber kommt und ein Kissen in Auftrag gibt, muss in sich hineinhören oder sich in denjenigen hineinfühlen, dem er es schenken will. „Es ist ja nicht mein Kissen", begründet Rita Weber, warum bei ihr der Kunde selbst der Konfigurator ist. Man darf in Getreidespreu wühlen, grobe oder mittelgrobe Körner des

Karos, Sternchen, Streifen: Die Stoffmuster sind beliebig kombinierbar. Foto: Kristina Sandig

Hirseschalen (links) und Dinkelspelz (rechts) sind als Innenleben sehr beliebt. Foto: Kristina Sandig

Himalaya-Salzes durch die Finger gleiten lassen. „Nur so spürt man, was einem gut tut“, sagt die Spezialistin fürs Wohlgefühl.

Als ausgebildete Technikerin für Hauswirtschaft und Ernährung weiß sie um die Vorzüge ihrer natürlichen Rohstoffe. Dinkelspelz ist leicht und robust, stützt, duftet zart nach Heu und Stroh und ist eine biologische Wärmflasche, weil er Körperwärme gut aufnimmt, speichert und wieder abgibt. Dass er raschelt, muss man mögen. Deutlich leiser sind da die Hirseschalen. Amaranth eignet sich besonders für Augenkissen, wirkt entspannend und hat einen kühlenden Effekt. Naturkissen sind generell probate Ersthelfer bei kleineren Wehwehchen: kühlend bei Prellungen, Verstauchungen und Insektenstichen, wärmend bei Verspannungen, Menstruationsbeschwerden und Bauchweh.

Rita Weber verwendet nur Füllmaterial aus ökologischem Anbau, ihre hochwertigen, farbenfrohen Bio-Stoffe in verschiedenen Ausführungen (glatte Baumwolle, Plüsch oder Strickfrottee) bezieht sie von einem bekannten Hersteller aus Münster.

Sie näht und füllt Kissen zum Stillen in Bananen- oder U-Form, rund oder als Halbmond für Yoga und zum Meditieren, aber auch Nackenhörnchen. Besonders beliebt sind ihre Einschlafhilfen und Seelentröster für

Babys und Kinder. Wer sich für eine handwaschbare Spieluhr entscheidet, kann als Musikwerk zum Beispiel „Lalelu", Mozarts kleine Nachtmusik oder „Weißt du, wieviel Sternlein stehen" wählen. Die Schmuse- und Schnuffeltücher, die individuell gestaltet werden, haben Namen. Die Kuh heißt Alma, das Schweinchen Lissi, die Glücksente Elli, der Sorgenfresser Namenu, die Eule Rosalie und der Frosch Luiggi.

Spieluhren sind fröhliche Einschlafhilfen. Foto: Kristina Sandig

Die meisten ihrer Kissen, erzählt Rita Weber, werden verschenkt, sei es zu Geburt, Taufe, Kommunion, Konfirmation, Geburtstag, Hochzeit, Ruhestand oder Weihnachten. Fast alle Kunden wünschen eine Personalisierung, zumindest mit Namen, wofür Rita Weber die Stoffbuchstaben nicht zukauft, sondern selbst ausschneidet, meist aber zusätzlich auch noch mit einem Motiv. Und da ist alles vertreten, was man sich nur denken kann: Tiere von A bis Z (Affe bis Zaunkönig), aber auch ein Bezug zu Hobby (Karpfen für einen Koi-Züchter) oder Beruf (Zähne für einen Zahnarzt). In Neuseeland kuschelt ein Kind mit einem Kissen aus Pilsacher Produktion, das einen Kiwi, das Wappentier des Inselstaates im Pazifik, ziert. Sich selbst hat Rita Weber zwei Kissen genäht: eines in Herzform mit Hirsefüllung und ein kunterbuntes mit Dinkelspelz.

LARI FARI

Eichenstraße 24

92367 Pilsach

Telefon: 09181/3562

info@larifari-kissen.de

www.larifari-kissen.de

Foto: Restaurierungsatelier Dietfurt

EINE FRAGE VON FUNKTION UND ÄSTHETIK

Zwei Restauratoren mit viel Verständnis für alte Möbel und moderne Bedürfnisse

An der Münchner Fachakademie für Restauratoren haben sich die Wege eines Allgäuers und einer Berlinerin gekreuzt: Raphael Feil, Bankkaufmann aus Kempten, und Sandra Vogler, die Lateinamerikanistik mit Schwerpunkt indianische Geschichte studiert hatte, suchten eine neue Herausforderung. Als sie ihre Abschlüsse als staatlich geprüfte Restauratoren für Möbel und Holzobjekte in der Tasche hatten, machten sie sich als Werkstattgemeinschaft selbstständig.
Auf der Suche nach einer geeigneten Immobilie verschlug es sie nach Dietfurt an der Altmühl. Dort ließen sich ihre Vorstellungen von Leben und Arbeiten, aber auch die ihrer Partner realisieren. Im historischen Ambiente eines Ackerbürgerhauses, das früher Brauerei und Gaststätte war, verhilft das Restauratoren-Duo seit 2009 alten Möbeln zu neuem Glanz. „Wir sind immer von schönen Dingen umgeben", sagt Raphael Feil. Wobei jedes Objekt eine Herausforderung ist. Eines ihrer aufregendsten war ein Auftrag in Linderhof, dem Schloss von Märchenkönig Ludwig II. An der dortigen Venusgrotte nagte der Zahn der Zeit. Eine Sisyphusarbeit war die Restaurierung des Astgeländers entlang des Weges zum Muschelthron – inklusive Moos, das sich seit 150 Jahren auf der Rinde des knorrigen Eichengeästs befindet.

Teamwork beim Restaurieren: Sandra Vogler und Raphael Feil arbeiten als Werkstattgemeinschaft. Foto: Cornelia Peter

Aufträge bekommen die Restauratoren sowohl von der öffentlichen Hand, insbesondere der Bayerischen Schlösserverwaltung, als auch von Privatpersonen aus der näheren Umgebung sowie aus Beilngries, Ingolstadt, Regensburg und Nürnberg. Lohnt es sich überhaupt, das

In einem Stuhlgeflecht stecken zehn Stunden Handarbeit. Foto: Restaurierungsatelier Dietfurt

Hält wieder für die nächsten 100 Jahre: ein neues Stuhlgeflecht. Foto: Restaurierungsatelier Dietfurt

Objekt restaurieren zu lassen? Das ist die Frage, die sich Besitzer von Antiquitäten stellen. „Es lohnt sich immer, wenn das Möbel aus der Familie stammt und man mit ihm weiterleben möchte", erklärt Sandra Vogler. Zunehmend sind es junge Leute, die ein altes Erbstück aufbereiten lassen, um es in ihr modernes Wohnambiente zu integrieren.

Bei ihrer Arbeit gehen die Profis sehr behutsam vor. „So wenig wie möglich, so viel wie nötig", lautet die Devise, um den ursprünglichen Charakter bestmöglich zu erhalten. Nicht jedes abgeplatzte Stück Furnier muss ersetzt werden, finden die Experten. Dem Möbel darf man freilich die Jahrhunderte, die es alt ist, ansehen. Im Gegensatz zu musealen Objekten spielt für Privatbesitz die Funktionalität die entscheidende Rolle. „Ein Schub muss gut auf- und zugehen", erklärt Raphael Feil.

Dringen die Restauratoren tief in das Innere ihrer Patienten vor, finden sie allerhand Verlorengegangenes: Münzen, Briefmarken, Büroklammern, Knöpfe. Ihr spannendster Fund war in einem Sekretär aus der Bamberger Residenz verborgen: ein Brief, adressiert an Amalie, Prinzessin von Bayern und Königin von Griechenland, die Witwe von König Otto von Griechenland. Stolz erzählen Sandra Vogler und Raphael Feil, dass anhand dieses Dokuments, das von einem Spezialisten für Papier restauriert und in die Ausstellung

integriert wurde, besagtes Möbel dem direkten Wohnumfeld von Königin Amalie zugeordnet werden konnte. „Ein kunsthistorisch bedeutsamer Fund", freuen sich die Restauratoren, die selbstverständlich alles, was sie finden, den Besitzern zurückgeben.
Zu 90 Prozent kennen sie die Geheimfächer an und in historischen Möbeln. Manches überrascht sie aber dann doch: eine Schublade, bei der man seitliche Brettchen erst wegklappen musste, oder eine kleine Kriegskasse mit sage und schreibe sieben Geheimfächern. Kein Geheimnis machen Sandra Vogler und Raphael Feil aus ihrer persönlichen Lieblingsepoche: das 18. Jahrhundert.
Zu restaurierende Möbel von Privatleuten stammen häufig aus der Zeit des Historismus und des Biedermeiers, aber auch Liebgewonnenes aus den 50er- und 60er-Jahren oder Imposantes aus dem Barock ist dabei. Allein die Erneuerung des Sitzgeflechts eines Stuhls schlägt mit zehn Stunden reiner Handarbeit zu Buche – die Kundschaft weiß, dass Restaurierungen ihre Zeit brauchen. Wenn zwischendurch Zeit und Muße ist, widmen sich Sandra Vogler und Raphael Feil besonderen Schätzen, die sie kunsthistorisch oder technisch interessant finden, bereiten diese liebevoll auf und bieten sie zum Verkauf an.

RESTAURIERUNGSATELIER DIETFURT

Hauptstraße 38
92345 Dietfurt an der Altmühl
Telefon: 08464/601949
info@atelier-dietfurt.com
www.atelier-dietfurt.com

Ein klassizistischer Sekretär aus Eichenholz. *Foto: Restaurierungsatelier Dietfurt*

Bürsten Ernst

Foto: Kristina Sandig

FÜR JEDE BÜRSTE DAS PASSENDE HAAR

Eine Regensburgerin hält ein aussterbendes Handwerk am Leben

Wer den schnuckeligen Laden in der Regensburger Altstadt betritt, fühlt sich zurückversetzt in eine Zeit, als noch keine Saug- und Wischroboter unterwegs waren auf Fliesen und Parkett und Putzen noch veritable Handarbeit war: Bürsten in Hülle und Fülle, für jeden Zweck, für den Haushalt und die Körperpflege, zum Putzen und Wohlfühlen, viele davon handgemacht. Wenn Waltraud Ernst nicht gerade Kundschaft bedient, dann sitzt sie in der angrenzenden kleinen Werkstatt auf einem Stuhl, mit einem alten Handtuch auf dem Schoß, um die Kleidung zu schützen. Bürsten binden, das ist eine haarige Angelegenheit. In einer Hand hält Waltraud Ernst ein großes Büschel Tierhaar, mit der anderen zweigt sie mit flinken Fingern einen Strang davon ab, stopft ihn in die Kupferdraht-Schlinge, die sie durch das Loch des Holzrohlings geführt hat, zieht den Draht mit einem energischen Ruck fest, führt eine weitere Draht-Schlaufe durch das nächste Loch und befüllt es wieder. „Es darf nicht zu viel sein, aber auch nicht zu wenig", sagt Waltraud Ernst über die exakte Menge an Tierhaar pro Loch. Für Waltraud Ernst ist das seit Jahrzehnten eine Sache des Gefühls.

Filigrane Handarbeit: Jedes Stück ist ein Unikat. Foto: Kristina Sandig

Den Bürsten Ernst führt sie in der vierten Generation. Gegründet hatte den Betrieb 1894 der Urgroßvater ihres Mannes, damals noch in der Brückstraße. Seit über 50 Jahren ist das Traditionsunternehmen in der Glockengasse ansässig. Und seit dem Tod ihres Mannes 1980 kümmert sich Waltraud Ernst alleine um den Laden und die Bürsten-Manufaktur, hält ein in Deutschland aussterbendes Handwerk am Leben. Unterstützt wird sie dabei

Zwei, die sich gut verstehen: Waltraud Ernst und ihre Enkelin Sophie Theresa Jäger. Foto: Kristina Sandig

von ihrer Enkelin Sophie Theresa Jäger. Die junge Dame ist gelernte Steuerfachangestellte und hilft der Oma seit Anfang 2021 täglich im Geschäft: im Verkauf, im Büro oder bei den Bestellungen. Und natürlich bindet sie auch schon die eine oder andere Bürste.
Bürsten Ernst ist ein wahres Bürsten-Paradies. Hier wird fündig, wer sich für den Frühjahrs- oder Herbstputz rüstet, seinen Schuhen zu neuem Glanz verhilft, dem Staub in der Steckdose zu Leibe rückt, einen robusten Handfeger benötigt oder ein nicht alltägliches Geschenk sucht: eine Bart- oder Glatzenbürste für den Mann. Zu den Rennern bei den Kunden zählen die Abstauber. Deren feines Ziegenhaar lädt sich durch Reibung statisch auf, hält somit die Staubpartikel fest – man muss sie nach dem Putzen nur noch draußen ausschütteln.
Neben Ziegenhaaar verarbeitet Waltraud Ernst vor allem Rosshaar – aber nur vom Schweif, denn das von der Mähne des Pferdes ist zu dünn. Bei der Qualität macht die Chefin keine Kompromisse. So kommt ihr für Fein- und Glanzbürsten nur Exoten-Haar auf den Holzrohling: von jungen Yaks, einer im asiatischen Hochland beheimateten Rinderrasse. Für Babybürsten schwört Waldtraud Ernst auf Feenhaar: Es stammt vom mongolischen Eichkätzchen, ist kuschelweich und somit perfekt, um zarter Babyhaut eine sanfte Streicheleinheit zu spendieren.
Bei Waltraud Ernst kaufen Einheimische wie Touristen gleichermaßen. Sie hat einen Stammkunden aus Amerika, der beim alljährlichen Verwandtenbesuch in Regens-

Bürsten-Parade in Schwarz-Weiß. Foto: Kristina Sandig

burg zu Weihnachten stets auch beim Bürsten Ernst vorbeischaut. Besonders im Frühjahr und Herbst, wenn Großputz in Haus und Garten angesagt ist, haben auch die Bürsten aus Regensburg, die im Ruf stehen, ein Leben lang zu halten, Hochkonjunktur. Da geht die unverwüstliche Wurzelbürste genauso flott über die Ladentheke wie der klassische Schrubber. Für manche Bürsten, die Waltraud Ernst früher oft gebunden hat, gibt es dagegen heute keinen Markt mehr: solche für Bottiche, Bierfässer oder Milchkannen. Längst hat die Regensburgerin das Sortiment ihres Ladens erweitert, bietet diverse Reinigungsmittel und strapazierfähige Fußabstreifer an, aber auch Pflegeprodukte, ausgefallene Seifen und hübsche Geschenkideen. Denn: „Vom Bürstenmachen allein, da kannst heutzutage nicht mehr leben", sagt die Chefin seufzend.

MANUFAKTUR BÜRSTEN ERNST

Glockengasse 10
93047 Regensburg
Telefon: 0941/51721
buersten-ernst@t-online.de
www.buersten-ernst.de

Foto: Petra Homeier Photography

VON DER TÖPFERSCHEIBE AUF DEN TISCH

Gebrauchskeramik mit dem gewissen Etwas

Als kleines Mädchen wollte Alexa Voigtlaender erst Zirkusartistin werden, dann Olivenbäuerin in ihrer griechischen Heimat. Später schwebte ihr Meeresbiologin vor. Dass sie schließlich Töpferin wurde, war so nicht geplant. Weil ihre anvisierte Praktikumsstelle in einer Schreinerei schon vergeben war, musste sie sich nach einer Alternative umsehen – und entdeckte ein entsprechendes Schild im Schaufenster einer Regensburger Töpferei. Seit 2010 hat sie ihr eigenes Geschäft und bietet heute im Weißgerbergraben Gebrauchskeramik mit dem gewissen Etwas an. Beispiel gefällig? Die Körperkollektion mit stilisierten primären und sekundären Geschlechtsmerkmalen, also Busen, Vulva und – aus Paritätsgründen – auch Penis, die allesamt so diskret das Steinzeug zieren, dass man es nicht verschämt hinter die Schranktür verbannen muss, wenn die Verwandtschaft zum Besuch aufschlägt. Oder der Animal-Print, der aus einer Laune heraus entstanden ist und mit dem „Leo" seinen Anfang genommen hatte. Weil Alexa Voigtlaender fand, dass ein Leopard nicht alleine sein könne, gesellten sich Zebra, Tiger, Giraffe und Black Panther hinzu. Gute-Laune-Macher sind die Kollektionen „Regenbogen" und „Konfetti", in denen Alexa Voigtlaenders grundfröhliches Gemüt auf Schalen und Schüsseln, Tassen, Kannen und Co. abgefärbt hat.

Die Körperkollektion ist dezente Erotik.
Foto: The Responsible Creatives

„Man braucht unwahrscheinlich viel Geduld und gute Nerven", sagt Alexa Voigtlaender über das Töpfern als grundehrliches Handwerk, in dem ein Tonklumpen

Töpfern ist für Alexa Voigtlaender ein grundehrliches Handwerk.
Foto: Petra Homeier Photography

seinen Weg über die Töpferscheibe und durch den Brennofen auf den Tisch nimmt. Die auf der Scheibe gedrehten Tonarbeiten müssen langsam und gleichmäßig getrocknet werden. Erst wenn sie knochentrocken sind, werden sie bei circa 900 Grad geschrüht, wie in der Fachsprache der erste Brand genannt wird. Brand zwei ist der Glasur- oder Glattbrand bei circa 1250 Grad. Ein drittes Mal in den Ofen wandert jene Keramik, die mit einem Goldrand veredelt wird, die Temperatur beim Goldbrand liegt bei etwa 800 Grad. Wobei für die meisten Kunden entscheidend ist, dass die Keramik dicht gebrannt ist, was sozusagen die Zugangsvoraussetzung für die Spülmaschine ist.
Alexa Voigtlaender freut sich, dass Keramik derzeit „einen tollen Boom“ erlebt. Auch Jüngere finden daran Gefallen, kaufen sich ihre ersten Stücke im Studentenalter und erweitern sukzessive, wenn sie sich familientechnisch vergrößern. Ihr Wissen gibt die Gesellin mit Ausbildereignung gerne weiter. Als Best-Practice-Beispiel, wie es nach der Ausbildung weitergehen kann, stand sie Absolventen der Keramikfachschule Landshut Rede und Antwort. Als Lehrbeauftragte unterrichtete sie Studierende der Fachrichtung Industriedesign in Plastischem Gestalten an der OTH Regensburg. Ihre Kurse besuchen Freundinnen, die sich das Töpfern gegenseitig zum Geburtstag schenken oder den Junggesellinnen-Abschied an die Töpferscheibe verlegen, und Mädchen und Buben, die beim Kindergeburtstag darauf brennen, sich aus Ton einen Becher oder Drachen zu formen.

Der Zoo für Zuhause.
Foto: The Responsible Creatives

Zarte Pastellfarben sind eine Reminiszenz an die 1960er-Jahre. Foto: The Responsible Creatives

Einen Fernsehauftritt hat Alexa Voigtlaenders Geschirr übrigens auch schon hingelegt. Eine Regensburgerin hatte darauf ihr Drei-Gang-Menü für „Das perfekte Dinner" serviert. „Darüber habe ich mich natürlich sehr gefreut", sagt die zweifache Mutter, die selbst für eine ausgediente Strickliesl vom Flohmarkt Verwendung findet: als Griff der getöpferten Teekanne. Dafür, dass jeder ihrer Brottöpfe aus Ton seinen passenden Deckel aus Holz findet, sorgt Ehemann Peter.
Die Kundschaft im Hantwerck, dessen Name sich aus dem mittelhochdeutschen Wort für Handwerk ableitet, kommt längst nicht nur aus Regensburg und Umgebung. Auch Rheinländer, die im Online-Shop am fleißigsten ordern, sowie Münchner schätzen Keramik made in der Oberpfalz.

[HANTWERCK]
Weißgerbergraben 9
93047 Regensburg
kontakt@hantwerck.de
www.hantwerck.de

Mariejuliee

Foto: Dominik Reichl

MODE ALS MISSION

Slow Fashion als Gegenentwurf zu kurzlebigen Trends

Produziert wird im Überfluss, unverkaufte Ware massenhaft vernichtet, die Halbwertszeit zwischen einzelnen Kollektionen reduziert sich immer weiter: Mit der Modeindustrie ist eine ganze Branche in Verruf geraten. Eine gebürtige Regensburgerin hält mit „Mariejuliee“ dagegen. Ihr Label ist zugleich ein Statement.

Für Mode hat sich Julia Liedtke schon immer interessiert. Als Achtjährige setzte sie sich für erste Nähversuche an die Nähmaschine. Als Jugendliche schneiderte sie Ausrangiertes aus Mamas Kleiderschrank für sich um. Weil ihr die Arbeit mit Stoffen, Farben und Mustern gefiel, kristallisierte sich früh ihr Berufswunsch heraus: Modedesignerin. Der Weg dorthin führte über eine dreijährige Ausbildung zur Maßschneiderin und eine Modeschule in Stuttgart.

Mama, Modedesignerin, Maßschneiderin: Julia Liedtke hat ihre Träume verwirklicht. Foto: Dominik Reichl

Aus knapp zehn Outfits bestand ihre erste Kollektion, die sie für die Abschlussprüfung auflegte. Farblich dominierten Pink und Rosa, Schleifen und Rüschen sind auch heute noch ein Markenzeichen von Julia Liedtke, die ihren Stil als „ausdrucksvoll“ beschreibt.

Nach ihrem Abschluss 2011 stand für Julia Liedtke fest, dass sie sich etwas Eigenes aufbauen wollte. Mit einem Praktikum bei Modedesignerin Lena Hoschek in Berlin, einem Intermezzo in der Schneiderei des Staatstheaters in Nürnberg und der Meisterprüfung in München schuf sie sich dafür die besten Voraussetzungen.

2015 gründete sie „Mariejuliee“, damals noch unter ihrem Mädchennamen Julia Marie Eichinger und in

Die Modemacherin legt fürs Fotoshooting letzte Hand an. Foto: Dominik Reichl

Do it yourself: In Nähkursen zeigt Julia Liedtke, wie Upcycling geht. Foto: Anna Groß

Anlehnung an ihre beiden Vornamen. In der Regensburger Glockengasse eröffnete sie ihren ersten Laden. „Es ist schwer, ein eigenes Label zu etablieren", sagt Julia Liedtke rückblickend und gesteht, dass Maßanfertigungen sie anfangs über Wasser hielten. 2022 zog sie ins Hackengässchen um, teilt sich die Geschäftsräume mit einem Secondhand-Laden für Kindersachen und widmet sich seither in ihrem Atelier mit Mini-Werkstatt ausschließlich eigenen Kreationen. Um Familie und Beruf besser unter einen Hut zu bringen, richtet sie ab 2024 in ihrem Wohnort Beratzhausen zusätzlich einen Showroom ein.

Mode ist für die zweifache Mutter zu einer Vision für eine bessere Welt geworden. „Es wird viel zu viel produziert", beklagt sie die Kleidung im Überfluss. „Vieles, was nicht verkauft wird, wird am Ende verbrannt."

Anfangs legte Julia Liedtke zwei Kollektionen pro Jahr auf, entwarf ständig Neues. Heute greift sie sich einzelne Entwürfe aus ihren Kollektionen heraus, interpretiert sie in neuen Stoffen oder Mustern, ändert Details ab. Oder sie pickt sich aus ihrem Skizzenbuch, wenn es voll ist, ein paar Entwürfe heraus und setzt sie in Stoff um.

Slow Fashion und Upcycling sind die Werkzeuge der Maßschneidermeisterin und Modedesignerin gegen die Verschwendung und für einen bewussten Umgang mit Ressourcen. Alte, ausrangierte Jeanshosen lässt sie wie Phoenix aus der Asche als Patchwork-Röcke auferstehen oder als Jacken, denen man ruhig ansehen darf, dass sie in ihrem ersten Leben Hosen waren. Verwendet Julia Liedtke neue Stoffe, legt sie Wert auf Bio-Qualität und Fair Trade. Der Stil der 50er-Jahre hat es der Designerin besonders angetan: beschwingt, locker, zeitlos und sehr feminin. Besonders freut sie sich, wenn sie originale Stücke aus dieser Zeit upcyceln kann. Ihre Kundinnen beschreibt Julia Liedtke so: Frauen ab 25, die Wert auf Qualität und Einzigartiges legen, Individualität, handwerkliche Verarbeitung und Passgenaues schätzen. „Mode muss tragbar sein", lautet das Credo der Modemacherin, die ihre Kollektionsmodelle auf Bestellung im gewünschten Stoff und in den Größen 32 bis 56 schneidert. Touristinnen entdecken ihre Mode, wenn sie entlang der Straße Unter den Schwibbögen laufen und ihr Blick ins Schaufenster an der Ecke zum Hackengässchen fällt. Bundesweite Aufmerksamkeit und Bestellungen von Mannheim über Düsseldorf bis Berlin hat der Liebhaberin von Tellerröcken ein TV-Beitrag im ZDF-Morgenmagazin Anfang 2023 gebracht. Bei ihren Modenschauen schickt sie Models aus dem Familien- und Freundeskreis auf den Laufsteg. Aus Alt mach Neu: Wer wissen will, wie's geht, ist in Julia Liedtkes Nähkursen gut aufgehoben.

Ein Sommerkleid, nicht nur für besondere Anlässe. Foto: Anna Groß

MARIEJULIEE

Schneiderei und Ausstellungsfläche

Hackengässchen 6

93047 Regensburg

Telefon: 0176/41 65 87 14

julia@mariejuliee.com

www.mariejuliee.com

Showroom/Ladengeschäft und Schneiderei (zusätzlich ab 2024)

Hammerbruckweg 17

93176 Beratzhausen

Foto: Familie Schleyerbach

EIN LAUFSTEG FÜR GESCHMACKVOLLE MUSTER

Wie fehlende Vorhänge zur Blaupause einer Unternehmensgründung wurden

In einem Nebenraum der Werkstatt hütet Friederike Schleyerbach das drucktechnische Vermächtnis ihrer Eltern. Weit über 100 überdimensionale Rahmen, gefertigt aus dem Holz des eigenes Waldes, bespannt mit feinem Perlon und akkurat aufgereiht. Eine schier unermesslich große Vielfalt an Motiven ist das Pfund, mit dem Friederike Schleyerbach und ihr Katharieder Bauernhanddruck heute noch wuchern können. Wobei es, wie Friederike Schleyerbach sagt, aktuell 20 laufende Muster gibt.

Friederike Schleyerbach führt den von ihren Eltern gegründeten Katharieder Bauernhanddruck fort. Foto: Familie Schleyerbach

Nichts lag ihrem Vater Fritz Schleyerbach in den 1960er-Jahren ferner, als ein Unternehmen zu gründen. Er bewirtschaftete mit seiner Frau Franziska seinen Einödhof bei Beratzhausen im idyllischen Labertal. Für ihr Bauernhaus suchten die Eheleute lange nach passenden Vorhängen. Weil sie nicht fündig wurden, besorgte sich der findige Landwirt Leinen und bedruckte es kurzerhand selbst. Mit fröhlichen Sonnenblumen schlug somit dem Katharieder Bauernhanddruck die Geburtsstunde.

Seine Blütezeit erlebte er in den 1990er-Jahren, als der Landhaus-Stil bei den Deutschen eingezogen war. Damals beschäftigte der Familienbetrieb um die 20 Mitarbeiter. Heute erledigt Friederike Schleyerbach mit Unterstützung ihrer Tochter Veronika und drei Angestellten die Arbeit im Ladengeschäft und in der Druckerei.

Der Katharieder Bauernhanddruck basiert auf der Technik des Siebdrucks. Dafür werden Rahmen mit Perlon bespannt, in der Dunkelkammer wird das Motiv fototechnisch auf das feine Gewebe übertragen. Mittels

Mit einer Rakel wird die Farbe durch die Schablone auf den Stoff gedrückt. Foto: Familie Schleyerbach

Die Sonnenblumen sind nach wie vor ein sehr beliebtes Motiv. Foto: Familie Schleyerbach

einer Rakel wird die Farbe durch die Schablone auf den Stoff gedrückt. Was kinderleicht klingt, erfordert Geschick und Gespür, um ein gleichmäßig schönes Ergebnis zu bekommen. „Wir mischen unsere Farben selbst an, auf Wasserbasis mit Farbpigmenten", sagt die Chefin und zählt die Palette auf: Rot, Blau, zweierlei Grün, Gelb, Braun, Rostrot und Altrosa. Damit die Farben kochecht sind, werden sie nach dem Druck bei über 100 Grad eingebrannt.

Bedruckt wird in reiner Handarbeit Leinen, Halbleinen, Baumwolle und feines Siebleinen. Letzteres kommt bei jüngeren Menschen gut an. Dezent und unaufdringlich lässt es sich vorzüglich mit einer modernen Einrichtung kombinieren. Für Vorhänge und Scheibengardinen, die man in Katharied individuell und wohnfertig nähen lassen kann, wird ebenfalls gerne bedrucktes Siebleinen gewählt. „Das ist transparent, luftig und leicht", sagt Schleyerbach über dieses Material. Denn dickes Leinen, so weiß sie aus Erfahrung, „ist nicht jedermanns Geschmack".

Auf den Einödhof kommen Stammkunden sowie Urlauber, die auf der A3 zwischen Nürnberg und Regensburg unterwegs sind und einen Zwischenstopp einlegen. Diesbezüglich ist die Autobahn, die hinter dem Grundstück vorbeiführt, ein Segen. Von der Anschlussstelle Beratzhausen sind es gerade mal drei Kilometer bis Katharied. Abnehmer für Kissenbezüge, Tischdecken,

Läufer, Mitteldecken, Platzsets, Servietten, Geschirrtücher, Küchenschürzen für Groß und Klein, Taschen und Stoff als Meterware findet Schleyerbach ferner auf den Bauernmarktmeilen in Nürnberg und München. Verschickt wird selbstverständlich bundesweit.
Die meisten Motive des Bauernhanddrucks stammen noch aus der Feder von Fritz Schleyerbach. „Mein Vater hatte schon immer gerne gezeichnet", sagt seine Tochter, die ebenfalls Muster entwirft. Zarte Streublümchen zum Beispiel. Das für Kathared so typische Design ist bäuerlich-ländlich, aber beileibe nicht kitschig; traditionell, aber keineswegs altbacken. Motivmäßig gibt es Stillleben von Gräsern und Wiesen, Blumenranken und Sträußerln. Andere Bilder beziehen sich auf den Jahreskreis und christliche Traditionen – von zarten Gräsern über Sonnenblumen bis hin zu Blättern und Tannenbäumen, von Ostern über Erntedank bis Weihnachten. Auf Stoff werden der Sündenfall und die Weihnachtsgeschichte erzählt. Unangefochtener Star ist der stolze Gockel, der es zur Werbe-Ikone gebracht hat: für den Tourismus in Ostbayern und, in leicht abgewandelter Form, als Logo von Urlaub auf dem Bauernhof.

KATHARIEDER BAUERNHANDDRUCK

Kathared 1

93176 Beratzhausen

Telefon: 09493/713

schleyerbach-kathared@t-online.de

www.schleyerbach-kathared.de

Die von Fritz Schleyerbach entworfenen Muster sind zeitlos schön. Foto: Familie Schleyerbach

Foto: La Mara Chocolaterie

MIT PRALINEN IN EINE BESSERE ZUKUNFT

Die Gewinner von „Das große Backen“ haben eine Vision für Schokoladiges

Ein junges Paar möchte die Welt ein bisschen besser machen: fairer, nachhaltiger und mit weniger CO_2-Emissionen. Die Lebenseinstellung von Tamara Seidenglanz und Max Wittl spiegelt sich in dem wider, was sie als Chocolatiers ausschließlich vegan kreieren: Pralinen, Tafelschokolade, Trinkschokolade und Schokobites, wie mit Schokolade ummantelte Nüsse neudeutsch genannt werden.

Keine Schokolade ist für den Veganer Max Wittl eben auch keine Lösung.

Foto: La Mara Chocolaterie

Wobei man eines gleich klarstellen muss: Ihr Angebot richtet sich nicht nur an jene, die auf jedwede tierische Produkte verzichten, sondern an alle Naschkatzen, die bewussten Genuss dem unbedarften Konsum vorziehen und denen an einer lebenswerten Welt für kommende Generationen gelegen ist. Kennengelernt haben sich die Rosenheimerin und der Spross einer Neumarkter Konditorenfamilie bei der Konditorenausbildung in München. Zum Ende der Lehrzeit wurden sie ein Paar. Der frischgebackene Konditor perfektionierte sein Können bei einem der führenden Pâtissiers in Australien, seine Freundin konzentrierte sich auf Wettbewerbe, wurde 2018 Vizeweltmeisterin der Junioren ihres Fachs. Gemeinsam trat das Paar bei der TV-Sendung „Das große Backen – die Profis" an – und gewann prompt. Der Goldene Cupcake als Siegertrophäe ziert das Büro ihrer Chocolaterie La Mara in Barbing bei Regensburg. Dass sie eine eigene Manufaktur für süße Verführungen gegründet haben, war kein Zufall. Als sie noch im Betrieb von Wittls Eltern in Neumarkt arbeiteten, merkten die überzeugten Veganer alsbald, dass ihr privater Lebensentwurf nicht mehr kompatibel mit ihrem beruflichen Tun war. „Konditor ist der unveganste Beruf überhaupt", sagt Tamara Seidenglanz. Was zweifelsohne an Zutaten wie Sahne, Eier, Milch und Butter liegt. Was also tun? Die Passion aufgeben oder neue Wege gehen? Weil keine Schokolade eben auch keine Lösung ist, wagten sie ihr Experiment.

Wobei, so erklärt Wittl, „sich Milchprodukte nicht einfach eins zu eins durch Veganes ersetzen lassen". Herkömmliche Rezepte dröselten die Konditorenmeister in ihre Bestandteile auf, brüteten über pflanzliche Alternativen wie Kokosfett, Mandeldrink und 100-prozentigem Fruchtmark als Geschmackskick, fügten schließlich mit neuen Zutaten die Rezepturen Baustein für Baustein wieder zusammen.

Der Online-Shop kommt als Schlaraffenland für Genussmenschen daher. Zu den Standard-Pralinen gehören 12 handgemachte Sorten, wovon zwei beschwipst (mit Gin beziehungsweise Metaxa) sind und der Rest alkoholfrei ist. Produziert wird zudem Saisonales wie zu Ostern.

Den Geschmack des Sommers fangen Tamara Seiden-

Die Verpackung ist eine plastikfreie Zone. Knalliger Topseller ist die Himbeerpraline Fotos: Max Wittl

glanz und Max Wittl mit einer fruchtigen Erdbeernote ein, den Winter peppen sie mit einer Germknödel-Variante mit Mohn, Vanille und Zwetschge auf, im Advent machen Kreationen mit Orange, Glühwein und Nelke Appetit auf Weihnachten.

Dauerbrenner bei den Kunden ist die Himbeerpraline, die Favoritin der Chefin ist Pekannuss-Karamell, ihr Freund liebäugelt mit der Schwarzen Vanille, die als einzige Praline mit „La Mara“ gelabelt ist und in der Bourbon-Vanille auf eine Grand-Cru-Schokolade aus Belize mit einem 75-prozentigen Kakaoanteil trifft.

Apropos Schokolade: Dem Duo ist natürlich bewusst, dass sie nie wirklich nachhaltig sein kann, weil Kakaobohnen eben nicht gleich um die Ecke wachsen. Wichtig ist den beiden aber, dass jene fair bezahlt werden, die den Rohstoff anbauen, ernten und häufig mit einem Hungerlohn abgespeist werden: Kakaobauern in Anbaugebieten wie Ecuador, Peru, Kongo und Madagaskar.

In seiner Manufaktur nutzt das umweltbewusste Paar Ökostrom und plant, La Mara in eine autarke Zukunft zu führen. Die Pralinenschachtel ist eine plastikfreie Zone und reist CO_2-neutral zu Kunden, die aus ganz Deutschland, aber auch aus Österreich und der Schweiz bestellen. Tamara Seidenglanz und Max Wittl geben auch Kurse, in denen sie nicht nur ihr Wissen rund um Pralinenherstellung und veganes Backen weitergeben, sondern auch ihre Vision vom bewussten Genuss für eine bessere Welt.

LA MARA CHOCOLATERIE GmbH

Von-Miller-Straße 5
93092 Barbing
Telefon: 09401/5398268
hi@la-mara.de
www.la-mara.de

Foto: Jonas Ettl

MASSGESCHNEIDERTES LEBENSGEFÜHL

Ein Dirndl ist handwerkliche Verarbeitung bis ins letzte Detail

Der Name ist Programm: „Tracht in der Oberpfalz". Birgit Ettls Herzblut steckt im Dirndl. Nicht im Modedirndl samt Klimbim und Schnickschnack, sondern im zeitlosen Alleskönner, der überall eine gute Figur macht. Sei es im Biergarten oder beim Betriebsfest, auf dem Standesamt oder auf der Kirchweih. Dass sich Frauen mitunter nicht in den modisch unkomplizierten Einteiler trauen, liegt an Mutter Natur. Die nämlich hat über manche weibliche Körperpartien ihr Füllhorn allzu verschwenderisch ausgeschüttet, an anderer Stelle mächtig gegeizt. Ein Dirndl trägt auf, es steht nicht jeder Frau, heißt es oft. „Das stimmt nicht", widerspricht Birgit Ettl vehement. „Es kommt auf die richtige Passform an." Und dafür ist sie Expertin.

Trachtenschneiderin Birgit Ettl hat sich auf Dirndln in klassischer Ausführung spezialisiert. Foto: Jonas Ettl

Ihr Handwerk hat die Obertraublingerin von der Pike auf gelernt: Lehre als Damenschneiderin, Gesellenprüfung, dann Meisterprüfung. Anschließend arbeitete sie als Direktrice für Entwurf und Schnitt in der Modeindustrie. Mit der Zeit spürte sie, dass ihr das fehlte, worauf es ihr schon immer angekommen war: handwerkliches Arbeiten. 1997 machte sie sich selbstständig, zunächst als Allrounderin für allerlei Maßgeschneidertes. Seit 2002 ist sie auf Tracht für Frauen spezialisiert. In die Dirndln, die Birgit Ettl den Damen auf den Leib schneidert, fließen charakteristische Formen und typische Merkmale ein. Die althergebrachte Verarbeitung versteht sich von selbst. In der klassischen Ausführung steckt die Tradition im Detail: das Froschmäulchen als

Das Dirndl ist ein unkomplizierter Einteiler, der bei vielen Anlässen eine gute Figur macht. Foto: Jonas Ettl

Reine Handarbeit: das Stifteln des Rockansatzes. Foto: Jonas Ettl

kunstvolle Bordüre am Ausschnitt; die Wiener Nähte am Mieder, die für eine figurnahe Silhouette sorgen; das Kittelblech als farblich abgesetzter Saumbeleg, damit der Rock schön fällt. Zu den aufwändigsten Arbeiten zählt das Stifteln des Ansatzes von Rock und Schürze per Hand, was als Königsdisziplin des Dirndlmachens gilt. Ausgangspunkt für den individuellen Blickfang ist die Beratung. Dafür nimmt sich Birgit Ettl in ihrem Stoffgeschäft im Obertraublinger Ortsteil Piesenkofen ausführlich Zeit. Beim Ersttermin wird die Kundin vermessen, Form des Dirndls, Material-Art und Farbe der Stoffe werden festgelegt. Ihre hochwertigen, traditionellen und Öko-zertifizierten Stoffe bezieht Birgit Ettl ausschließlich von deutschen und österreichischen Webereien. Die Farbpalette reicht von den klassischen Trachtenfarben Grün, Rot, Blau und Lila über festliches Schwarz und Anthrazit bis hin zu aktuell angesagten Tönen wie Beere, Lavendel oder Salbei. Uni, Ton in Ton, gemustert mit Blümchen, Streifen oder Karo, das Muster selbst punktuell, flächig oder im dezenten Halbdruck oder aber Mieder, Rock und Schürze gar in einem kompletten Muster-Mix: alles eine Frage des persönlichen

Geschmacks. „Die Trägerin darf sich nicht verkleidet vorkommen, sie muss sich wohlfühlen", sagt Birgit Ettl. Als Heimatpflegerin in ihrem Wohnort freut sie sich natürlich besonders, dass Tracht wieder gerne und zu vielerlei Anlässen getragen wird. So sind auch Hochzeitsdirndln wieder in Mode gekommen. Nach ihrem großen Auftritt vor dem Traualtar muss die Tracht nicht auf immer und ewig ihr Dasein als nostalgisches Erinnerungsstück im Kleiderschrank fristen. Allein schon eine andersfarbige Schürze verleiht dem Dirndl ein komplett neues Gesicht. Jede Maßanfertigung, für die grundsätzlich zwei Anproben vor der Abholung erforderlich sind, ist änderungsfreundlich, lässt sich gut einnähen oder rauslassen – bis zu zwei Konfektionsgrößen.

„Tracht in der Oberpfalz" ist keinesfalls als geografische Limitierung zu verstehen. Neben Oberpfälzerinnen zählen vor allem Damen aus dem angrenzenden Niederbayern zu den Kundinnen. Frauen, die sich ihr fesches Gwand selbst nähen wollen, bietet die Trachtenschneiderin eine Nähbegleitung an. Trachtennähkurse, die sie teilweise in Kooperation mit dem Bezirk gibt, liegen ihr sehr am Herzen. Wer sich ein eigenes Dirndl schneidert, trägt es mit Stolz, sagt Birgit Ettl.

TRACHT IN DER OBERPFALZ

Herzog-Albrecht-Straße 17

93983 Obertraubling/Piesenkofen

Telefon: 09401/525828

trachtinderoberpfalz@t-online.de

www.trachtinderoberpfalz.de

Aus deutschen und österreichischen Webereien stammen die hochwertigen Trachtenstoffe. Foto: Jonas Ettl

Interview

DIE TRACHT IST EIN STÜCK HEIMAT

Trachten-Expertin Martha Pruy.
Foto: Christian Pruy

Martha Pruy ist nicht nur eine leidenschaftliche Trachten-Trägerin, sondern auch eine versierte Kennerin der Tracht. Für den Bezirk Oberpfalz hat sie zahlreiche Trachten-Nähkurse organisiert. Martha Pruy lebt in Schnaittenbach und ist Kreisheimatpflegerin im Landkreis Amberg-Sulzbach. Sie weiß, was zu einer traditionellen Tracht gehört, was ein Maßkrug mit einem Dirndl zu tun hat und wie heutzutage eine Frau über das Binden der Schürze ihren Beziehungsstatus kommuniziert.

Frau Pruy, wie sind Sie zur Tracht gekommen?
Ich bin mit ihr groß geworden. Mein Vater war freischaffender Musiklehrer und hat Volksmusik gemacht. Zu seinen Auftritten habe ich ihn oft begleitet und schon als Kind Tracht getragen.

Wann tragen Sie Tracht?
Zu jeder Gelegenheit, bei Geburts-

tagen, Hochzeiten oder Taufen, an Festtagen und zur Kirchweih. Ich muss nicht lange überlegen, was ich anziehe oder ob ich mir wieder ein neues Kleid kaufe. Bei 15 Trachten mit passenden Jacken kann ich immer variieren und bin nie gleich angezogen.

Wie viel Tradition steckt in einer Tracht?
Die Tracht hat eine lange Tradition, auch in der Oberpfalz. Bis zur französischen Revolution gab es eine feste Kleiderordnung. Am Gwand konnte man den Stand seiner Trägerin und die Religion ablesen: arm oder reich, katholisch oder evangelisch. Die Kleidung war ein Statussymbol, auch die Tracht.

Wer durfte was tragen?
Materialien wie Baumwolle und Seide, die importiert werden mussten, waren dem Adel vorbehalten. Einfache Leute trugen Kleidung aus Wolle oder Leinen, was anderes hätten sie sich sowieso nicht leisten können. Auch an der Anzahl der Unterröcke ließ sich ablesen, wie gut jemand gestellt war: je mehr, desto angesehener war man. Eine Bäuerin trug also mehr Unterröcke als ihre Magd.

Wann wurde früher Tracht getragen?
Es war ein Alltagsgwand. Die Arbeitstracht war aus Leinen oder Wolle, später auch aus reiner Baumwolle für die Sommertracht. Die Sonntagstracht wurde zum Kirchgang angezogen, die Festtagstracht aus Wolle, Seide oder Samt an hohen kirchlichen Feiertagen und zur Kirchweih.

Was gehört zu einer traditionellen Tracht?
Das Mieder mit den typischen Wiener Nähten oder Schnürlsteppereien, der Rock, der gestiftelt, in Falten gelegt oder plissiert ist, eine Bluse unter dem Mieder und eine Schürze über dem Rock. Komplett ist die Tracht mit Jacke und Schultertuch, das als Dreieck mit Spitze über den Rücken gelegt wird und dessen beide Zipfel vorne in das Mieder gesteckt werden.
Für den Winter hatte man noch ein großes Wolltuch. Früher gehörte eine Haube dazu, daher kommt die Redensart „Unter die Haube kommen“. Verheiratete hatten schwarze Hauben, ledige Frauen rote und weiße, Mädchen trugen ihr Haar offen mit einem Band.

Die Schleife der Schürze auf dieser Seite bedeutet, dass die Dame schon vergeben ist. Foto: Kristina Sandig

Wie wird heute der Beziehungsstatus kommuniziert?

Bindet man die Bänder der Schürze vorne rechts, zeigt man an, dass man schon vergeben ist. Bindet man sie vorne links, ist man noch ungebunden. Früher war es üblich, die Schürze hinten zu binden.

Was hat ein Maßkrug mit einem Dirndl zu tun?

Eine Tracht ist wadenlang. Deshalb sagt man, dass zwischen dem Saum des Rocks und dem Boden nicht mehr als ein Maßkrug Platz sein darf.

Bei manchen passen aber viele Maßkrüge dazwischen …

Kurze Dirndln sind sehr in Mode gekommen. Sie sind vor allem bei Mädchen und jungen Frauen beliebt, die sich häufig daran orientieren, was die Prominenten anhaben, wenn sie aufs Oktoberfest gehen.

Kehren wir von der Wiesn zurück in die Oberpfalz. Wie schaut die typische Oberpfälzer Tracht aus?

Eine einheitliche Oberpfälzer Tracht gibt es nicht. Wohl aber Merkmale, die für bestimmte Regionen typisch sind. Zum Beispiel hat in der Chamer Gegend das Mieder vorne einen Einsatz, ist geschnürt und läuft spitz zu. Die Regensburger Stadttracht ist sehr aufwändig: Das Mieder hat Goldstickereien, typisch sind auch eine Talerkette und eine Riegel- oder Spitzenhaube. Da macht sich ein bisschen die Nähe zum angrenzenden reichen Gäuboden bemerkbar.

Wo sind sonst noch Einflüsse von außerhalb sichtbar?

In der Tirschenreuther Gegend zeigt sich die Nähe zum Egerland, was besonders an der Männertracht deutlich wird: schwarze Kniebundhose, schwarze Samtjacke mit Stehkragen und Gehrock aus braunem Loden. Das

Bindet die Dame ihre Schleife auf dieser Seite, signalisiert sie, dass sie noch nicht in festen Händen ist. Foto: Kristina Sandig

Mieder der Frauen ist in sieben Falten gelegt, die Schürze aus dem gleichen Stoff, der Rock zumeist einfarbig. Bei der Birgländer Tracht wurden Kettchen vorne am Leiberl aus dem Fränkischen übernommen.

Spielt das kulturelle Erbe eine Rolle?

Ja, sehr schön sieht man das an der Sulzbacher Tracht. Sie greift in ihren Farben den Bergbau und die Eisenverhüttung auf: Braun steht für das Erz, Rot oder Dunkelrosa für die Glut in den Hochöfen. In Gegenden, in denen viel geklöppelt wurde, wurde häufig Klöppelspitze in die Tracht integriert. Auch die Glastradition macht sich bemerkbar: Aus Wolle oder Baumwolle gestrickte fingerlose Handschuhe wurden mit winzigen Glasperlen verziert. Sindlbach im Landkreis Neumarkt hat ein Alleinstellungsmerkmal: Den großscheibigen, flachen Grashut mit aufgenähten Blütenblättern auf der Unterseite gibt es sonst nirgends.

Foto: Delikatessen-Manufaktur Bergler-Fischer

RENDEZVOUS MIT DER ROSE

Dufte Begleiterin für Gelee, Chutney, Sirup und Likör

Auf die Rose gekommen ist Petra Bergler-Fischer vor mehr als 30 Jahren. Eigentlich wollte die Diplom-Agraringenieurin und Mutter von vier kleinen Kindern nur ein bisschen zum Familieneinkommen beitragen. Zwischen Haushalt, Kindererziehung und Landwirtschaft setzte sie Liköre an. Daran, dass aus dem Zubrot der Broterwerb werden könnte, hatte sie zu jener Zeit nun noch wirklich nicht gedacht.

Ihr Streifzug durch die Rosenküche begann mit einem Rezept für Rosenlikör. Das kam Petra Bergler-Fischer zupass. „Ich liebe historische Rosen", sagt sie und schwärmt vom „sagenhaften Duft". In den Bauerngarten ihrer Schwiegermutter pflanzte sie ihre ersten fünf Rosen und probierte Rosenmarmelade aus. Im darauffolgenden Jahr orderte sie 200 Pflanzen, mit denen sie platzmäßig vom Bauerngarten auf den Acker ausweichen musste. Heute besitzt sie 2500 Stöcke von Damaszener Rosen, einer Sorte, die schon in der Antike ob ihres betörenden Duftes geschätzt wurde.

Seit mehr als 30 Jahren ist Petra Bergler-Fischer eine Expertin für Rosen. Foto: Delikatessen-Manufaktur Bergler-Fischer

Mit ihnen ist sie 2008 von Unterfranken in die Oberpfalz gezogen. Sie und ihr Mann Dieter hatten ein Haus gesucht, in dem sich Leben und Arbeiten unter einen Hut bringen ließ. Fündig wurden sie in Schwarzenfeld: ein 1879 errichtetes Gebäude in der Bahnhofstraße, eine ehemalige Klosterschule für Mädchen. Für ihre Rosenstöcke pachtete Petra Bergler-Fischer einen dreiviertel Hektar in Wolfring. Die Natur gibt vor, wann was zu tun ist. Los geht's im März mit dem Rosenschnitt. Optimaler Zeitpunkt sei,

Auch die zarten Rosenblüten werden von Hand gezupft.
Foto: Delikatessen-Manufaktur Bergler-Fischer

Mit Délices des Roses wird weiße Schokolade veredelt.
Foto: Delikatessen-Manufaktur Bergler-Fischer

wenn die Forsythien blühen. Mit den 100 Stöcken in ihrem Hausgarten ist Petra Bergler-Fischer in etwa zwei Wochen durch. Auf dem Feld ist sie mit der Pflegemaßnahme rund sechs Wochen beschäftigt.
Haupterntezeit ist im Juni. „Da blühen die meisten Rosen", sagt die Fachfrau. Vor zehn Jahren noch hätte sie den Zeitpunkt exakt bestimmen können. Jetzt spüre sie den Klimawandel massiv. Wenn es nachts noch über 20 Grad hat, welken die Rosen. Wenn es andauernd regnet, faulen die Blüten. Sie kann sich an ein Jahr erinnern, in dem sie die Ernte komplett einstellen musste. Überraschenderweise legte die Natur im September nach. „Wir hatten dann doch noch eine schöne Ernte. Zwar klein, aber von sehr hoher Qualität." Für die ebenfalls von Hand gezupften Knospen braucht es Augenmaß. Sie dürfen nicht zu klein und nicht zu groß sein.
Das Sortiment der Manufaktur ist eine Entdeckungsreise durch die Rosenküche. Rosengelee wird pur am häufigs-

ten gekauft, im Winter verleiht ihm der Zimt eine weihnachtliche Note, Feinschmecker schätzen es mit Bergamotte. Rosenmarmelade empfiehlt die Expertin zu Sauerbraten, Wild oder Käse, Rosennudeln zu Geflügel und zu Meeresfrüchten. Rosenessig nennt sie als Alternative zur Salatsauce. Wer Kraut kocht, kann Rosenblütenwein zugeben, der für eine altrosa-gräuliche Farbe sorgt. Zur deftigen Brotzeit passt der Rosensenf, zum Grillsteak das Rosen-Apfel-Chutney. Rosenpunsch schmeckt nicht nur heiß.

Bei der Rose macht die Dosis den Geschmack. „Zu viel davon schmeckt bitter", sagt die Kennerin, die 2006 ihr Kochbuch „Rosen à la Carte" herausgegeben und die Corona-Zeit genutzt hat, Neues zu entwickeln. Seit der Pandemie stellt sie ihr eigenes Rosenwasser her.

Am Produktionsstandort hat sie einen Showroom eingerichtet. Wer dort vorbeischauen will, den bittet Petra Bergler-Fischer, vorher anzurufen. Rund um die Uhr geöffnet ist der Online-Shop. Zur Auswahl stehen rund 40 Köstlichkeiten. In Weihnachtsmärkten sieht die Wahl-Oberpfälzerin eine gute Vermarktungsmöglichkeit für ihre Erzeugnisse. Vertreten ist sie in ihrer Geburtsstadt Augsburg, in Ulm, Würzburg und Regensburg. Konditoren ordern gezuckerte Rosenblätter, ein Hotel im Schwarzwald verwendet den Rosensirup für einen Aperitif. Zweierlei freut die Blumen-Freundin: Dass die Rose als Heilpflanze eine Renaissance erlebt und die Blüten-Küche wieder en vogue ist. Mitte der 1990er-Jahre stand sie damit so gut wie allein auf weiter Flur.

DIE DELIKATESSEN-MANUFAKTUR

Bahnhofstraße 10
92521 Schwarzenfeld
Telefon: 09435/301234
info@bergler-fischer.de
www.bergler-fischer.de

Rezept

CARPACCIO

VON ZWEIERLEI PRESSSACK MARINIERT MIT ROSENESSIG

von Jürgen Simon

ZUTATEN

200 g roter Presssack in dünnen Scheiben

200 g weißer Presssack in dünnen Scheiben

100 g Rosen-Apfel-Chutney

Lauch von 4 Frühlingszwiebeln in feine Röllchen geschnitten

Rapsöl

Rosenessig

Rosenpfeffer aus der Mühle

Blattsalat zur Garnitur

Die Scheiben von rotem und weißem Presssack abwechselnd und gefächert auf die Teller legen. Mit Rosenpfeffer aus der Mühle würzen. Das Apfel-Chutney dünn aufstreichen, mit Rosenessig besprühen. Rapsöl darüber träufeln. Den Lauch von vier Frühlingszwiebeln in feine Röllchen schneiden und das Gericht damit bestreuen.
Mit Blattsalat garnieren.
Dazu passt in Olivenöl geröstetes Chiabatta-Brot. Anstelle von Rosen-Apfel-Chutney kann man auch Rosensenf verwenden.

Foto: Delikatessen-Manufaktur Bergler-Fischer

Foto: Kristina Sandig

HANDLICHE STÜCKE MIT SPA-EFFEKT

Seifen aus Wolfring machen mehr als nur sauber

Ein Blizzard hatte vor vielen Jahren die Reisepläne von Dr. Günther Röska durchkreuzt. Sein Rückflug aus Amerika war gestrichen, der promovierte Physiker saß in den Berkshire Mountains fest und tat etwas, was er sonst nicht tat, wenn er auf Geschäftsreise war: Er besorgte Mitbringsel für die Familie. Für seine Frau wählte er eine handgesiedete Seife. Ulrike Röska war davon so begeistert, dass sie sich selbst daran machte, Seife herzustellen.

Dem neuen Hobby der Gattin begegnete Röska mit einer gehörigen Portion Skepsis, dichtete die nigelnagelneue Küche komplett mit Malerfolie ab – sicher war sicher. Nur wenig später und mit der gleichen Gründlichkeit brach in ihm der Wissenschaftler durch. Er unterstützte seine Frau mit ausgiebiger Anwendungsforschung, ausgehend von der Haut als hypersensiblen Seismograph für schädliche Einflüsse: Wie sich pflanzliche Öle (von Aprikosenkern über Nachtkerze bis zu Granatapfelkern) auf das Hautbild auswirken und welche naturreine ätherische Öle eine harmonische Duftnote ergeben. Heute entwirft er komplexe Kernöl-Cocktails und Duftkompositionen, die ihre pflegenden und sinnlichen Spuren in der „Waldfee“, der „Strandbrise“, der „Silbernixe“, im „Frosty Morning“ und im „Ingwersoufflé“ hinterlassen. Die „Gärtnerliebe“ mit geschrotetem Mohn nimmt es mit hartnäckigem Schmutz aus dem Blumenbeet auf – Ulrike Röska nennt sie liebevoll eine „kleine Kratzbürste“. Die „Kaffeepause“ vertreibt nach dem Kochen den Geruch von Knoblauch, Zwiebel und Fisch von den Händen. Der „Outdoor-Fan“ ist aus einer ursprüng-

Durch eine handgesiedete Seife aus den USA ist Ulrike Röska selbst zum Seifensieden gekommen. Foto: Dr. Röska Naturkosmetik

Mit Topf und Teigschaber geht die Chefin ans Werk. Ulrike Röska stellt ihre Seifen im Kaltsiedeverfahren her. Foto: Dr. Röska Naturkosmetik

Dr. Günther Röska schneidet den Seifenblock in handliche Stücke.
Foto: Dr. Röska Naturkosmetik

lichen Hundeseife entstanden. Günther Röska verwendete Schwarzkümmelöl, um Zecken von Vierbeinern fernzuhalten, fand aber schnell heraus, dass dadurch auch Mücken von Menschen ablassen.

Naturseifen von A wie Aprikoserl bis Z wie Zirbe, die mehr sind als nur Saubermacher, stellen Ulrike und Dr. Günther Röska nun seit über 20 Jahren nach eigenen Rezepturen in ihrer Manufaktur in Wolfring her.

„Seifenmachen ist keine Hexenküche", sagt Ulrike Röska, „hier brodelt, dampft und raucht nichts." Das Zauberwort heißt Kaltsiedeverfahren. Auf niedriger Temperatur werden rein pflanzliche Naturöle erwärmt und Fette wie Kakao- oder Sheabutter geschmolzen – schonend, damit ihre wertvollen Inhalts- und Pflegestoffe erhalten bleiben.

Seife machen sieht ein bisschen wie Kochen aus. Ulrike Röska hantiert mit Küchenwaage, Kochtöpfen, Edelstahlschüsseln, Pürierstab und Teigschaber. Setzt die Verseifung ein, nimmt die Masse eine Pudding-ähnliche Konsistenz an. Selbst gemischte Farben schmeicheln den Duftnoten – an die faszinierende Marmorierung kommt kein Marmorkuchen auch nur annähernd ran.

Erst nach sechs bis acht Wochen, wenn die Verseifung komplett abgeschlossen ist, sind „Sir Toby", „Generation Patchouli" und „Cleopatra" reif für die Seifenschachtel.

Gleichfalls „Schoko ohne Reue“, eine Seife aus Schokolade mit 80-prozentigem Kakaoanteil und eingezogener Goldader – zart aufschäumend, aber garantiert kein Hüftgold ansetzend.
Die fabelhafte Welt der Seifen, zu der solche für die Haare, die Zahnpflege und die Rasur gehören, komplettieren Pflegeprodukte wie Badekugeln, Balsame für Gesicht und Körper.

DR. RÖSKA NATURKOSMETIK
Dorfstraße 22
92269 Fensterbach-Wolfring
Telefon: 09438/9418613
info@dr-roeska.com
www.dr-roeska.com

Mit der Riserva-Linie hat das Ehepaar Röska, dessen Sohn Christoph die Eltern seit 2020 in der Manufaktur unterstützt, Naturseifen der First Class etabliert. Feines Perlenpulver unterstützt den Spa-Effekt und trägt zur Regenerierung der Haut bei. Produkte aus dem Hause Röska bestellen nicht nur Kunden aus ganz Deutschland und Europa, sondern auch aus Übersee – von Amerika bis China. Kosmetikerinnen und Physiotherapeuten verwenden sie genauso wie Friseure.
Für das Jodschwefelbad in Bad Wiessee am Tegernsee wurde eine eigene Seife mit Heilwasser der Jodschwefelquelle aufgelegt. Die Frage nach dem größten Erfolg beantwortet Günther Röska, der auch alljährlich mit einem Stand am Nürnberger Christkindlesmarkt vertreten ist, ganz bescheiden: „Wenn die Kunden nach ein paar Wochen sagen, dass sich ihr Hautbild verbessert hat.“

Die Seife „Aquarello“ ist ein Saubermacher in Blau und mit faszinierender Marmorierung.
Foto: Wolfgang Weigl

Foto: Jonas Huber

DIE HEILKRAFT KOMMT AUS DER NATUR

Handgemachtes aus der Gartenapotheke: Eigene Rezepturen für Salben und Teemischungen

Ihr Schlüsselerlebnis hatte Anja Heinz im Studium: Bei der Wasserdampfdestillation färbte sich das ätherische Öl der Kamillenblüte tiefblau und entwickelte einen unvergleichlichen Duft. Da wusste die gebürtige Burglengenfelderin, dass sie im richtigen Fahrwasser war. Die Pharmazie vereinte ihre Interessen: Medizin, Biologie und Chemie.

Dass sie in einer Schwandorfer Apotheke eine Anstellung fand, war ein Wink des Schicksals. Ein Botengang für ihre Chefin führte Anja Heinz schnurstracks in den Blumenladen ihres späteren Mannes Alexander. Anja Heinz heiratete, bekam einen Sohn und eine Tochter und suchte etwas, womit sie Beruf und Familie unter einen Hut bringen konnte. Weil es ureigenste Aufgabe von Apothekern ist, Salben, Cremes und Gele, aber auch Dragees und Kapseln sowie Tinkturen und Teemischungen selbst herzustellen, tüftelte Anja Heinz an eigenen Rezepturen. Auf die erste Ringelblumensalbe folgten Teemischungen, Badesalze, Körperöle und weitere Salben. Qualität heißt bei Anja Heinz Arzneibuch-Qualität. Ihre Ingredienzien entsprechen pharmazeutischen Richtlinien, wurden streng geprüft und haben deshalb einen hohen Wirkstoffgehalt: natürliche Substanzen wie reine ätherische Öle und Extrakte von Heilpflanzen wie Tinkturen und Ölauszüge. Ein Heilversprechen kann und darf Anja Heinz nicht geben. Will sie auch gar nicht, spricht deshalb lieber von gesundheitsfördernd und -pflegend.

Mit ihren Schlosskräuter-Produkten sind Anja Heinz und ihr Sohn Leopold auch auf Märkten unterwegs. Foto: Jonas Huber

Im Schaugarten der „Alten Gärtnerei Fronberg“ erntet Anja Heinz nur für den Eigenbedarf. Foto: Jonas Hub

Hauptbestandteil aller Schlosskräuter-Salben ist Sheabutter. Sie wird aus den Nüssen des in Afrika beheimateten Karitébaums gewonnen und ist reich an Vitamin E, was gut für die Haut und deren Elastizität ist. Basisöle wie Jojoba, Nachtkerze, Johanniskraut und Aloe Vera kümmern sich um unterschiedliche Bedürfnisse.
Das „Blaue Wunder“ pflegt rissige und trockene Hände. Die „Goldrose“, benannt nach der volkstümlichen Bezeichnung für die Ringelblume, ist eine Wund- und Heilsalbe. Der „Hautschmeichler“ lindert Neurodermitis und Ekzeme. Wofür die „Gartensalbe“ mit reinigenden Kräuterextrakten ist, versteht sich von selbst. Wohlriechend sind sie alle. „Ein guter Duft ist ein maßgebliches Kriterium für den Kauf“, sagt Anja Heinz und lässt auch beim Wohlgeruch die Natur in ihrer Reinheit sprechen.
Im Familienbetrieb „Alte Gärtnerei Fronberg“ hat sich die Apothekerin, die auch ausgebildete Floristin ist, für ihre Schlosskräuter-Produkte eine kleine Ecke im Verkaufsraum eingerichtet.
Den Online-Shop betreut Sohn Leopold. Er arbeitet die Bestellungen ab, die aus dem gesamten Bundesgebiet, vor allem aber aus dem heimatlichen Bayern, eingehen.

Die Gartensalbe ist Balsam für beanspruchte Gärtnerhände. Foto: Jonas Huber

Der gelernte Groß- und Außenhandelskaufmann, der im Herbst 2022 in den elterlichen Betrieb und damit auch in die Heilpflanzen-Manufaktur seiner Mutter mit eingestiegen ist, kümmert sich um Vertrieb und Marketing. Facebook und Instagram füttert er mit Neuigkeiten von den Schlosskräutern. Im Blog auf der Homepage porträtiert Anja Heinz ihre Heilkräuter und gibt Tipps zum Teetrinken. Zum Beispiel diesen: Tee am besten bedeckt ziehen lassen, damit sich die in den Blättern und Blüten enthaltenen ätherischen Öle nicht verflüchtigen.

„Eine gute Teemischung braucht nicht mehr als sieben bis zehn Bestandteile“, sagt die Apothekerin. Vielmehr kommt es auf die richtige Zusammensetzung an. In ihrem Stoffwechseltee schieben Birken-, Brennnessel- und Löwenzahnblätter sowie Hagebuttenschalen mit an, wenn die Pfunde purzeln sollen. Minze und Hibiskus dominieren den sommerlichen Erfrischungstee. Rose, Malve, Orange und Lavendel unterstreichen die blumige Note des Blütentees. Der Lebertee stärkt die Funktion von Leber und Galle, im Krafttee entfaltet der Bitterstoff des Weißdorns seine Wirkung. Als „ein bisschen Magie“ beschreibt Anja Heinz geheimnisvoll ihren Zaubertee, den schon ihre Kinder, als sie noch klein waren, liebend gern getrunken haben. Nur so viel sei verraten: Das Farbenspiel ist ein Aha-Erlebnis.

SCHLOSSKRÄUTER

Randolph-von-Breidbach-Straße 1
92421 Schwandorf
Telefon: 0171/7068710
info@heilpflanzen-manufaktur-fronberg.de
www.schlosskraeuter.de

Foto: Sirko Galz

MODERNE MUSTER AUF HISTORISCHEN WEBSTÜHLEN

Ein Handweber in Burglengenfeld fertigt Schals, Tischwäsche und Museumsstücke

In ganz Europa gibt es nur noch wenige Menschen, die auf antiken Jacquard-Webstühlen kunstfertig feine Textilien von Hand weben können. Sirko Galz ist einer von ihnen. In einem historischen Stadthaus von Burglengenfeld, gleich neben der Kirche St. Vitus, betreibt er seit 2013 seine Seiden- und Leinenweberei. Die Weberei wurde ihm wahrlich nicht in die Wiege gelegt. Oder vielleicht doch? Sirko Galz erinnert sich, dass in seiner Familie schon immer handwerklich gearbeitet wurde, hauptsächlich mit Holz. Und eine seiner Großmütter 1943 in der damaligen Tschechoslowakei eine Weberei-Fachschule besuchte. Seinen ersten Webstuhl überhaupt hatte Sirko Galz recht günstig auf einer Internetplattform gekauft. Er stand bei ihm ein Jahr lang in der Wohnung. Seinen ersten Jacquard-Webstuhl holte er 2015 vom Bodensee ab. Heute nennt Sirko Galz, der Ökologie studiert und nach einem auslaufenden beruflichen Projekt 2012 den Sprung in die Selbstständigkeit gewagt hat, drei historische, teils weit über 100 Jahre alte Jacquard-Webstühle sein Eigen. Wunderwerke der Technik, wie man sie ansonsten hauptsächlich in Museen findet.

Vergangenheit trifft auf Moderne: In seiner Manufaktur fertigt Sirko Galz hochwertige Textilien. Foto: Sirko Galz

Weben zählt zu den ältesten Techniken der Menschheit. Die Urform, Bast zu verflechten, gab es schon in der Steinzeit. Die Kunst, aus Fäden Stoffe herzustellen, ist 6000 bis 7000 Jahre alt. Das Grundprinzip des Webens ist denkbar einfach: Aus dem Zusammenspiel der längs aufgespannten Kettfäden und des quer verlaufenden

Feine Schals für Damen und Herren aus dem Sortiment der Seiden- und Leinenweberei in Burglengenfeld. Foto: Sirko Galz

Jeder Stoff ist ein Unikat und trägt die Handschrift seines Webers. Foto: Sirko Galz

Schussfadens entstehen textile Flächen. Moderne Webstühle haben ihren Ursprung im Mittelalter. Anspruchsvolle Jacquard-Webstühle erlauben es, mittels Lochkartensystem komplexe Muster anzufertigen.
Das für den Laien undurchschaubare Gewirr an Fäden beherrschen Profis wie Sirko Galz mühelos, um damit komplizierte Stoffmuster, ja sogar Bilder zu weben.
Ein rhythmisches Klacken entsteht, wenn Sirko Galz mit dem rechten Fuß das Pedal drückt, um die Kettfäden zu öffnen, mit der einen Hand das Schiffchen mit dem Schussfaden durch die entstandene Lücke flitzen lässt und mit der anderen Hand die Weblade hin- und herbewegt. „Das eigentliche Weben ist das i-Tüpfelchen", sagt Sirko Galz und erzählt von der mitunter tagelangen Arbeit, den Webstuhl einzurichten, die gefärbten Fäden einzeln durch die Litzen auf die Kette zu ziehen. Aber auch das Weben selbst ist körperlich anstrengend. Für einen Schal benötigt er vier bis fünf Stunden, wobei er sich nach 45 Minuten konzentrierter Arbeit eine Viertelstunde Pause gönnt.
Im Prinzip sei das, was er herstellt, für Textil-Liebhaber, sagt Sirko Galz, der sich auf feine Seidenschals für Damen und Herren, edle Wohntextilien wie Tischläufer und Platzsets sowie hochwertige Geschirrtücher spezia-

lisiert hat. Seinen Stoff webt er auf Ballen zu 25 Metern und verarbeitet diesen dann weiter. Zum Beispiel zu Tischläufern, die in drei Standardlängen (120, 140 und 160 Zentimeter) erhältlich sind, auf Wunsch aber auch auf ein spezielles Tischmaß angepasst werden. Bei der edlen Tischwäsche kann der Kunde unter fünf Farbkombinationen wählen: „Deep Ocean“, „Charcoal“, „Limestone“, „Autumn Leaves“ und „Golden Bay“. Diese Serien mit dem Webmuster „Flora“ legt Sirko Galz immer wieder auf, so dass der Kunde beliebig erweitern kann.

Sirko Galz arbeitet mit Edelgarnen, deren sehr gute Qualität und Langlebigkeit er schätzt: Seide, Leinen, sehr gute Merinowolle und Baumwolle. Um eine besondere Farbtiefe zu erreichen, färbt er die Garne selbst. Inspirationen für seine Muster und Farbkompositionen holt sich Sirko Galz aus der Natur. Ein Alpenpanorama interpretiert er am Webstuhl in Blau- und Grautönen, eine Asphaltstraße, die durch einen Herbstwald führt, übersetzt er in sanftes Petrol und sattes Ocker. Sirko Galz hat Kundschaft in ganz Deutschland sowie in Österreich und der Schweiz. Ein Steckenpferd von Sirko Galz sind aufwändige Textilrekonstruktionen. Und da sind Museen wie das Europäische Hansemuseum in Lübeck oder das Naturhistorische Museum in Wien seine Auftraggeber. Für Letzteres staffierte er einen nachgebauten Prunkwagen aus der Bronzezeit mit einem handgewebten Stoffbeschlag aus. „Das macht einen schon stolz“, sagt Sirko Galz.

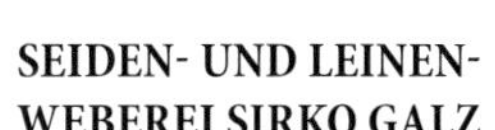

SEIDEN- UND LEINEN-WEBEREI SIRKO GALZ

Am Almenhof 2

93133 Burglengenfeld

Telefon: 09471/6050977

info@textilmanufaktur-galz.de

www.textilmanufaktur-galz.de

Porträt

FREILANDMUSEUM OBERPFALZ: GESCHICHTE UND GEGENWART IM KLEINFORMAT

Die imposante Rauberweihermühle ist ein bedeutendes Zeugnis der Oberpfälzer Baugeschichte. Foto: Sebastian Göltl

Die Oberpfalz auf einem Fleck: Unterschiedliche Landstriche im Schnelldurchlauf, mehr als 300 Jahre bäuerliches Leben und Kulturgeschichte im Zeitraffer – das Freilandmuseum Oberpfalz in Neusath-Perschen bietet jede Menge. Gezeigt wird der Alltag der Menschen im ländlichen Raum – damals wie heute. Herzstücke des 33,5 Hektar großen Areals sind fünf Museumsdörfer (Stiftland, Oberpfälzer Wald, Oberpfälzer Jura, Mühlental und Naabtal) mit rund 50 Gebäuden, die an ihren früheren Standorten abgetragen, bei Nabburg wieder aufgebaut wurden und so der Nachwelt erhalten bleiben.

Der etwa zweistündige Rundgang lässt Besucher teilhaben am Leben von anno dazumal und an den Arbeiten im Haus, auf dem Hof und auf dem Feld. Feste und Feiern spiegeln den Jahreszyklus wider. „Eben alles, was das Leben ausmacht", erklärt Dr. Tobias Hammerl. Er leitet seit 1. Januar 2020 das Freilandmuseum, dessen Träger der Bezirk Oberpfalz ist.

Spezielle Themenführungen kommen nicht nur bei Familien gut an. Foto: Elisabeth Wiesner

Das Museum ist für alle Altersgruppen, wobei für Familien mit Kindern der Erlebnisbauernhof mit allem, was dort kreucht und fleucht, Hauptanziehungspunkt ist. Zu den tierischen Bewohnern in Neusath-Perschen zählen Rinder, Schweine, Ziegen, Schafe, Gänse und Hühner. Kindergärten schauen sich genauso um im Freilandmuseum wie Schulklassen. Letztere vor allem im Sommer vor den großen Ferien, wenn der reguläre Unterricht auf Sparflamme läuft und Exkursionen auf dem Stundenplan stehen. Senioren finden das Freilandmuseum deshalb spannend, weil es eine Reise in ihre eigene Vergangenheit ist. Vieles, was hier sehr anschaulich gezeigt wird, kennen sie noch selbst aus ihrer Kindheit und Jugend. Haupteinzugsgebiet ist der Umkreis von 100 Kilometern.

Fleißige Handwerker halten alte Techniken wie den Lehmputz am Leben. Foto: Christian Wundsam

Nach Neusath-Perschen kommen aber auch Gäste aus Franken, dem Großraum München, dem benachbarten Tschechien oder Gruppen aus Indien und Fernost, die so „die Oberpfalz kompakt" in ihr straffes Sightseeing-Programm integrieren. Das Freilandmuseum Oberpfalz ist auch ein Ort und Hort des Handwerks. Lebendig gehalten werden alte Techniken, die heute nicht mehr oder nur noch eine geringe Rolle spielen: wie ein Dach von Hand mit Stroh eingedeckt wird, wie Maler früher mit Motiv- und Musterrollen die Wände verschönerten, wie Lehmputz aufgetragen wird.

Eines der jüngsten Museumsprojekte nennt sich „hand.gemacht". Mit 3D-Technologie werden handgemachte Alltags- und Gebrauchsgegenstände der vergangenen circa 80 Jahre gescannt und die Geschichte dahinter erforscht. Die Objekte kehren danach zu ihren Besitzern zurück. Ein weiterer Vorteil: Vergängliches wie ein Blumenteppich zu Fronleichnam oder eine Erntekrone können in 3D weitaus besser erfasst werden als nur durch Fotografieren.

Dass Traditionen keine trockene Angelegenheit sind, beweisen die vielen Feste, die in Neusath-Perschen gefeiert werden, wie sie fallen: Kirchweih, Erntedank, Abfischen. Vielfach ist Mitmachen angesagt, beim Brotbacken, Mähen und Dengeln, Schmieden, Filzen oder Seifensieden. Diese regelmäßigen Workshops und Kurse kommen genauso gut an wie Führungen zu speziellen Themen.

Wer Lust auf Regionales hat: Mittwochs findet der Perschener Bauernmarkt statt. Größere und dennoch regionale Märkte mit umfangreichem Programm und Oberpfälzer Spezialitäten wie Schopperla, Kirchweihkuchen und Allerheiligenspitzeln gibt es beispielsweise im

In Neusath-Perschen rührt sich immer was. Foto: Felix Schäffer

Frühjahr, zur Kirchweih und zu Allerheiligen, wenn die Saison ausklingt.

Geöffnet hat das Museum von Anfang März bis Anfang November. Wobei Winterpause natürlich nicht Winterschlaf bedeutet. In dieser Zeit meldet sich das Museumsteam weiterhin regelmäßig auf den Social-Media-Kanälen wie Facebook und Instagram, postet ausgewählte Exponate aus dem umfangreichen Depot, informiert über Oberpfälzer Bräuche, besondere Tage und Ereignisse. Außerdem öffnet das Freilandmuseum im Winter punktuell für Veranstaltungen seine Pforten. So stimmt alljährlich im Advent eine große Herbergssuche vor malerischer Kulisse auf das nahende Weihnachtsfest ein.

FREILANDMUSEUM OBERPFALZ

Neusath 200

93507 Nabburg

Telefon: 09433/2442-0

freilandmuseum@bezirk-oberpfalz.de

www.freilandmuseum-oberpfalz.de

Foto: Filz vom Wolf

VON KOPF BIS FUSS

Bei Filz vom Wolf liefert der Coburger Fuchs den Rohstoff für Schuhe und Hüte

In Lenau haben sich Ursula und Norbert Wolf ein kleines Paradies geschaffen. Sie bauen Obst und Gemüse an, backen Brot, halten Bienen, Hühner und Enten. Und haben Schafe. Coburger Fuchs heißt jene alte, vom Aussterben bedrohte Rasse. Ihre Besonderheit: Das kastanienbraune Fell der Lämmer wird mit der Zeit heller und schimmert. Deswegen heißt es auch Goldvlies.

„Eine super Wolle zum Filzen", urteilt Haus- und Hofherrin Ursula Wolf, die sich früher jedes Mal, wenn der Schafscherer da war, gefragt hatte: Wohin mit der Wolle? Eine Antwort darauf hat sie längst gefunden: „Filz vom Wolf". Unter diesem Namen vertreibt sie ihre Erzeugnisse aus Schafwolle. Gebrauchsfilz, wie sie selbst sagt. Eine Holztreppe führt hinauf in ihr Refugium. Über dem Schafstall hat sich die ausgebildete Fachfrau für ländliche Hauswirtschaft einen Werkstattladen eingerichtet. Dank eines im Boden eingelassenen Sichtfensters hat sie ihre Rohstoff-Lieferanten stets im Blick – vorausgesetzt die Fuchsschafe sind nicht gerade auf der Weide als vierbeinige Rasenmäher unterwegs. Nach der Schafschur wird die Rohwolle, die aussieht wie eine flauschige Wolke, in Österreich gewaschen und in einer Manufaktur in Wunsiedel kadiert, bis alle Fasern parallel zueinander liegen. Zurück nach Lenau kommt die eigene vliesgekämmte Wolle sowie die von befreundeten Schafhaltern in ihrem natürlichen Farbton. Daraus und aus zugekaufter farbiger Wolle filzt Ursula Wolf so Allerlei. Gefragt waren ihre Erzeugnisse schon immer, Corona wirkte wie ein Booster. Heiß begehrt waren kuschelige Hausschuhe fürs Homeoffice, Sitzkissen als Auflage für den zum Schreibtischstuhl umfunktionierten Küchenstuhl und Hüte für Spaziergänge bei Wind und Wetter im harten Lockdown.

Fürs Filzen ist Ursula Wolf zuständig. Foto: Filz vom Wolf

Ursula und Magda Wolf mit ihren Coburger Fuchsschafen. Foto: Filz vom Wolf

Kopfbedeckungen aus Filz schätzen Jäger, Falkner und Angler, Stadt-, Berg- und Kräuterführer, Marktbeschicker, aber auch Pilger und Wanderer, weil sie vor Hitze schützen, bei Kälte wärmen und wasserdicht sind. Dass diese Eigenschaften die Schafwolle zu einem Meisterwerk der Natur machen, freut auch Waldkindergärten, die schon etliche lustige Hexenhüte für ihre Schützlinge anfertigen ließen. Groß in Mode sind Saunahüte, erzählt Ursula Wolf. „Sie schonen die Haare und schützen die Ohren vor Verbrennungen", erklärt die Fachfrau.

Von einer nach China ausgewanderten Modistin hat Ursula Wolf hölzerne Hutformen übernommen, neue lässt sie im Allgäu drechseln. Viele verschiedene Huttypen filzt sie: vom Charleston aus den 20er-Jahren bis zum Werdenfelser Dreher.

Und aus einer alten Schusterei stammen die Leisten von Größe 20 bis 48. Gefilztes für die Füße gibt's als Pantoffeln, Hausschuhe, Bettschuhe und Schuhe, die über den Knöchel gehen und somit mehr Halt geben. Auf der sicheren Seite ist man mit einer rutschfesten Sohle. Die antike, von Hand betriebene Schusternähmaschine steht nicht nur zur Zierde da: Auf ihr näht Magda, die mittlere der drei Wolf-Töchter, die Ledersohlen an.

Ansonsten unterstützt sie ihre Mutter beim Filz-vom-Wolf-Auftritt in den sozialen Medien, postet auf

Sitzkissen machen die Holzbank bequemer.
Foto: Filz vom Wolf

Ein Filzhut ist sehr strapazierfähig.
Foto: Filz vom Wolf

Instagram und Facebook und promotet Produkte wie vegetarische Schaffelle. Die Veggie-Variante aus dem Hause Wolf: Filz statt Tierhaut.

Magda Wolf leitet in Kursen Schulklassen genauso an wie Kids, die Kindergeburtstage bei „Filz vom Wolf" verbringen und stolz Windlicht oder Handy-Hülle nach Hause tragen. Da wird der Hof zum grünen Klassenzimmer: Die Kinder lernen viel über den Weg der Wolle – vom Schaf über die Weiterverarbeitung bis zum fertigen Filzprodukt.

Zuhause filzen kann man auch, Magda Wolf stellt dafür Do-it-yourself-Kits zusammen. „Das kommt super an", freut sie sich über die Resonanz auf die Materialbox samt Anleitung für ein Windlicht beziehungsweise für ein kleines Sitzkissen, wenn Kinder filzen. Verkauft werden die Produkte von „Filz vom Wolf" ab Hof und im Internet, verschickt wird auch, nicht selten nach Frankreich, Österreich und in die Schweiz. Ursula Wolf ist unter der Devise „Rauskommen, Kontakte knüpfen, Werbung machen" aber auch auf einigen Märkten präsent.

FILZ VOM WOLF
Lenau 6
95508 Kulmain
Telefon: 09642/7428
filz-vom-wolf@web.de
www.filzvomwolf.de

Lebkuchen Rosner

Foto: Lebkuchen Rosner

NICHT NUR ZUR WEIHNACHTSZEIT

Die berühmten Rosner-Lebkuchen aus Waldsassen gibt es ganzjährig

Gloria von Thurn und Taxis war es, die 1988 die Lebkuchen der Bäckerei Rosner adelte. „Die besten Lebkuchen der Welt kommen nicht aus Nürnberg, wie viele glauben wollen. Die besten Lebkuchen der Welt macht meiner Meinung nach die Konditorei Rosner in dem kleinen Ort Waldsassen an der bayerisch-tschechischen Grenze", verkündete die Fürstin in aller Öffentlichkeit und löste damit das aus, was man heutzutage einen Hype nennt. Die Rosner-Lebkuchen waren plötzlich in aller Munde. „Für meine Schwiegereltern war das damals ein Alptraum", sagt Wolfgang Neumann angesichts der immensen Nachfrage, die quasi über Nacht hereingebrochen war über Klaus Zielinski, Bäcker- und Konditormeister, und seine Frau Maria, eine geborene Rosner. Wolfgang Neumann hat wie sein Schwiegervater in den Betrieb eingeheiratet und seinen Beruf als Schreiner und Ingenieur für Holztechnik gegen den des Lebküchners eingetauscht. Er und seine Frau Karin, die Konditormeisterin ist, sind die sechste Generation. 2005 errichtete das Ehepaar eine gläserne Manufaktur, in der die Lebkuchen ganzjährig in Handarbeit hergestellt werden.

Karin und Wolfgang Neumann führen die Traditionsbäckerei in sechster Generation.

Foto: Lebkuchen Rosner

Bis zum kulinarischen Ritterschlag aus Regensburg war der Familienbetrieb, dessen Ursprünge bis 1757 zurückreichen, eine Bäckerei und Konditorei mit klassischem Sortiment: Brot, Semmeln, Kuchen und Torten. Lebkuchen gab's natürlich auch, aber nur in der staaden Zeit und vor allem deshalb, weil in der Weihnachtsbäckerei viel Eiweiß übrig blieb und man eben nichts verkommen lassen wollte.

Lebkuchen schmecken nicht nur zu Weihnachten. Foto: Lebkuchen Rosner

Das Sortiment komplettieren weihnachtliche Leckereien wie Zimtsterne. Foto: Lebkuchen Rosner

Neben Eiweiß kommen Mehl, Haselnüsse, Zucker, Orangeat, Zitronat und Gewürze in den Teig. Dank Aprikosenmarmelade bleiben die Lebkuchen schön saftig. Das genaue Rezept seines Schwiegervaters, nach dem die süßen Verführungen heute noch gebacken werden, verrät Wolfgang Neumann freilich nicht. Wohl aber das Erfolgsrezept: „Lebkuchen brauchen Zeit. Viel Zeit.“

Bis zum frischen Lebkuchen vergehen in der Manufaktur drei Tage. Am ersten Tag werden die Zutaten vermengt und in großen Kesseln auf circa 75 Grad erhitzt. Über Nacht kühlt die breiige Masse ab, entfaltet so ihre typischen Aromen. Am Tag zwei wird der Teig auf runde Oblaten mit einem Durchmesser von 100 Millimetern aufgestrichen. Die Rohlinge dürfen eine weitere Nacht lang ruhen, damit sich eine leichte Haut ausbildet, die beim Backen eine schöne Oberfläche ergibt. In den Ofen geht's am dritten Tag. Backtechnisch ist für die Neumanns das ganze Jahr über Weihnachten, Hochkonjunktur haben Lebkuchen und Co. ab Herbst. Zeigt der sich mit einem deprimierenden Grau-in-Grau von seiner unfreundlichen Seite, steigt bei den Menschen unwillkürlich der Appetit auf das würzige Gebäck

klösterlichen Ursprungs. Der Heißhunger auf Lebkuchen hält ungebrochen von Allerheiligen bis zum Christfest an. 35 Saisonkräfte sind dann in der Manufaktur beschäftigt, erzählt Wolfgang Neumann.
Von Waldsassen aus treten die Rosner-Lebkuchen ihre Reise in die ganze Welt an. Im Online-Shop wird aus Amerika und Kanada bestellt, genauso aus Asien und Australien, ja selbst aus dem Irak und dem Iran. Rund 5000 Menschen kommen pro Jahr in Besuchergruppen und zumeist mit dem Bus in den Ort nahe der tschechischen Grenze, um in der gläsernen Manufaktur vom Besucherraum aus einen Blick auf die Lebkuchen-Produktion zu werfen. Kaum einer verlässt den Verkaufsraum, ohne sich mit weihnachtlichen Naschereien einzudecken.
Und das sind beileibe nicht nur drei Sorten Lebkuchen (Nuss, Mandel, Schoko), sondern insgesamt 25 Weihnachtsspezialitäten, darunter auch die „Waldsassener Kirchturmspitzen", ein feines Mandelgebäck mit Marzipan als Hommage an die barocke Stiftsbasilika, dem Wahrzeichen der Stadt. Denn trotz des internationalen Siegeszugs ihrer Lebkuchen fühlen sich Karin und Wolfgang Neumann der Heimat verbunden – und ihrem Handwerk und der Tradition verpflichtet.

LEBKUCHEN ROSNER

Egerer Straße 9
95652 Waldsassen
Telefon: 09632/1370
info@lebkuchen-rosner.de
www.lebkuchen-rosner.de

GLÄSERNE LEBKUCHEN-MANUFAKTUR

Baumeister-Emil-Engel-Straße 2
95652 Waldsassen
Lebkuchen-Hotline: 09632/916521

Foto: Philipp Pröls

DER UNVERFÄLSCHTE GESCHMACK DES STEINWALDS

Deutschlands älteste Whisky-Destillerie ist in Erbendorf daheim

Weil es im Steinwald wenig Obst und viel Getreide gab, brannte Bäckermeister Johann Baptist Schraml, der 1818 in Erbendorf ins Spirituosengeschäft eingestiegen war, vor allem Korn, den der Volksmund gerne leicht despektierlich als Bauernbrand bezeichnet.

Gelagert wurden die Brände zunächst in Steingut. Warum irgendwann in der Mitte des 19. Jahrhunderts auf Eichenholz umgeschwenkt wurde, ist bis heute unklar. Vermutlich war Platzmangel der Grund dafür. Wie dem auch sei, Fakt ist: Der Korn wurde ins ausgediente Cognac-Fass gepackt. Nicht weiter beachtet, entwickelte er darin seine Aromen, nahm durch das Holz eine braune Farbe an und reifte so zu dem heran, was als komplexeste Spirituose der Welt gilt: Whisky.

Drei Schraml-Generationen: Brennerei-Chef Gregor Schraml mit seiner Mutter, seiner Frau und den beiden Kindern. Foto: Brennerei Schraml

Dank dieses unfreiwilligen Experiments darf sich Familie Schraml rühmen, die älteste Whisky-Destillerie Deutschlands zu besitzen. Aber erst Gregor Schraml, der die Steinwald-Brennerei in der sechsten Generation führt, hat den Whisky fest in der DNA des Unternehmens verankert. Der Destillateurmeister hat Lebensmitteltechnologie in Weihenstephan studiert und sich viel mit Produktentwicklung befasst.

Als er in den elterlichen Betrieb einstieg, brannte er darauf, es mit dem Whisky noch einmal zu probieren. Sein Vater schüttelte nur den Kopf. „Das wird eine Totgeburt", prophezeite er seinem Sohn. Er hatte bereits 1954 versucht, den hauseigenen Grain Whisky unter dem Namen „Steinwald Whisky" auf dem Markt zu

Der Whisky wird im historischen Ambiente der Wagenremise in der Alten Propstei gebrannt. Foto: Brennerei Schraml

Gregor Schraml vor den großen Fässern aus amerikanischer Weißeiche, in denen der Whisky reift. Foto: Brennerei Schraml

etablieren. Doch dafür war die Zeit nicht reif. Mit den GIs waren die amerikanischen Whiskeys, die sich üblicherweise mit einem „e“ schreiben, über den großen Teich nach Europa geschwappt, aus Schottland drängten die Single Malt Whiskys herein.

„Ich wollte junge Menschen für deutschen Whisky begeistern“, sagt Gregor Schraml. Mit dem Relaunch des „Steinwald Whiskys“ unter dem Namen „Stonewood 1818“ gelang ihm gleich der große Wurf: eine Goldmedaille 2008 bei den World Spirits Awards, was quasi der Oscar der Spirituosen-Welt ist. Es folgten „Woaz“, „Drà“ und „Smokey Monk“. Mit dem „Bairish Coffee“, eine Mischung aus Whisky und dem hauseigenen Espressolikör, haben die vier Stonewood-Whiskys einen Halbbruder bekommen.

Gregor Schraml ist die regionale Identität seiner Whiskys sehr wichtig. Je nach Stonewood-Sorte setzt er auf das über 200 Jahre alte Originalrezept und die Cognac-Fass-Lagerung, orientiert sich mit Gerste und Weißbierhefe an der Oberpfälzer Braukunst und erzeugt

den rauchigen Geschmack mit Buchenholz und nicht, wie in Schottland üblich, mit Torf.
„Wir sind eine der wenigen Brennereien, die selbst maischen und läutern", erklärt Schraml. Das Sudhaus und die Destillen für Roh- und Feinbrand befinden sich in der Alten Propstei, einst ein Filialkloster der Benediktiner-Abtei Michelfeld und seit 1977 in Familienbesitz.
Davon nur einen Steinwurf entfernt ist die Schatzkammer der Destillerie, das Warehouse. Hier erledigen die Fässer ihren Job. In den sieben bis zehn Jahren, in denen der Whisky in ihren dicken Bäuchen ruht, gibt ihr Holz seine Farbe an das zunächst farblose Destillat ab.
Gelagert wird der Whisky hauptsächlich in Fässern aus amerikanischer Weißeiche.
Veredelt wird er in Fässern, die vormals mit Portwein, Sherry, Rum oder Cognac belegt waren. „Whisky-Herstellung ist schwierig und komplex", gesteht der Brennerei-Chef, der die hochkomplexe Spirituose am liebsten pur trinkt oder als Highball, dann aber mit Ginger Ale.
Mit Tastings, Verkostungen, Seminaren, im Verband der deutschen Whisky-Brenner, dessen Gründungsmitglied er ist, sowie als einer von vier Partnern im Netzwerk „Malts of Germany" setzt sich Gregor Schraml dafür ein, dass der deutsche Whisky an Ansehen im In- und Ausland gewinnt. Die Welt der Steinwald-Brennerei besteht aber nicht nur aus Whisky. Zum Portfolio gehören Obstbrände und Liköre, Gin sowie Glühwein und Punsch.
Mit dem Landkümmellikör sticht ein Relikt aus der Anfangszeit der Brennerei heraus: Er ist absatzstärkstes Produkt seit 20 Jahren – dies überrascht selbst den Chef.

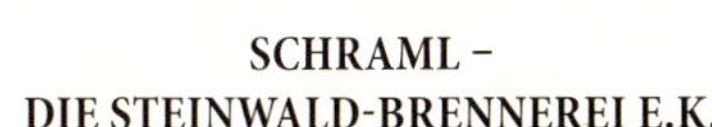

SCHRAML – DIE STEINWALD-BRENNEREI E.K.

Pfarrgasse 22
92681 Erbendorf
Telefon: 09682/183690
info@brennerei-schraml.de
www.brennerei-schraml.de

Foto: Kristina Sandig

EIN HAUSMITTEL AUS DER KLOSTERKÜCHE

Zwiebelzuckerln helfen gegen Husten, Heiserkeit und den Frosch im Hals

Es gibt Dinge, mit denen wird man groß. Für die Menschen aus Waldsassen und Umgebung sind es die Zwiebelzuckerln aus der weit über den Ort hinaus berühmten Zisterzienserinnen-Abtei. Hergestellt werden sie nach einer historischen Überlieferung in der Klosterküche. Das Rezept hatten einst wohl Zisterzienserinnen mitgebracht, die zur Wiederbesiedelung des Klosters Waldsassen 1863 aus Seligenthal gekommen waren.

Bete und arbeite: Der benediktinische Wahlspruch „Ora et labora" bestimmt auch den Rhythmus im Konvent der Zisterzienserinnen. Das heißt, den Dingen Zeit zu geben und ihnen ihren Lauf zu lassen. Ihnen Achtsamkeit und Aufmerksamkeit zu schenken. Ihnen mit Geduld, Demut und Liebe zu begegnen. Das tun die Schwestern auch in der Klosterküche, seit jeher ein Hort alten Heilwissens.

Für die Zwiebelzuckerl-Produktion ist Gudrun Hecht zuständig. Foto: Kristina Sandig

Ein probates Hausmittel gegen Husten, Heiserkeit und den Frosch im Hals sind die Zwiebelzuckerln. Die Erfahrung, dass sich die Lutschbonbons auf ihrem Weg vom Kochtopf ins Tütchen bisweilen als kleine, eigensinnige Diven entpuppen können, hat in Waldsassen schon jede Schwester gemacht, die mit deren Herstellung betraut war. Aus dem Konvent war dies zuletzt Schwester Sophia Schlembach, die das 2008 eröffnete klostereigene Gästehaus St. Joseph verantwortet. Von ihr hat Gudrun Hecht, die seit 2010 im Kloster angestellt ist, vor ein paar Jahren die Produktion der Zwiebelzuckerln übernommen. „Man muss schon bei der Sache bleiben", sagt die Leonbergerin über die Zubereitung des alten Hausmittels, das auf die Heilkraft der Zwiebel setzt und lediglich aus Zwiebeln, Zucker

Erst wenn der Sirup die richtige Konsistenz hat, wird er auf die kalte Steinplatte gegossen. Foto: Kristina Sandig

Das Walzen ist eine Wissenschaft für sich, erfordert Fingerspitzengefühl und wohldosierten Druck. Foto: Kristina Sandig

und Wasser besteht. Wehe, der Sirup brennt im Topf an. Der Geruch wabert sofort wie ein olfaktorisches Lauffeuer unbarmherzig durch die altehrwürdigen Gemäuer. Ansonsten riecht es wohlfein nach Zwiebelrostbraten. Das Geheimnis der Zwiebelzuckerln liegt darin, ihre Konsistenz lesen zu können. Darin ist Gudrun Hecht Spezialistin. Sie hat es im Gefühl, wann der eingedickte Sirup auf eine kalte Steinplatte gegossen werden kann, wann der rechte Zeitpunkt gekommen ist, um mit einer Schneidwalze über die Masse zu gehen, erst längs, dann quer. Täte sie das nicht, würde die ausgehärtete Bonbon-Platte knüppelhart, die Zwiebelzuckerln ließen sich zum Schluss nicht mehr in Mini-Quadrate brechen. „Das Rollen ist das A und O", weiß auch Schwester Sophia Schlembach.

Die Zwiebelzuckerln sind sehr wetterfühlig. Eine hohe Luftfeuchtigkeit missfällt ihnen, da pappen sie gnadenlos zusammen. Multitasking ist angesagt, wenn Zwiebelzuckerl-Kochtag im Kloster ist. Töpfe beaufsichtigen, walzen, Zwiebelzuckerln in Stücke brechen, zu je 100 Gramm abportionieren, eintüten und etikettieren – alles zur rechten Zeit. Rund 2000 Päckchen Zwiebelzuckerln verlassen pro Jahr die Klosterküche. Verkauft werden sie im eigenen Klosterladen „Maria-Laetitia", benannt nach der seit 1995 in Waldsassen amtierenden Äbtissin Maria Laetitia Fech, sowie im Online-Shop – neben Spirituel-

Sieht aus wie eine Tafel Schokolade, sind aber Zwiebelzuckerln, die noch nicht in Stücke gebrochen sind. Foto: Kristina Sandig

lem, den von Schwester Agnes in liebevoller Handarbeit verzierten Kerzen und dem Drachengold. Letzteres ist ein Likör aus 15 verschiedenen Kräutern. Diese Spezialität wird ebenfalls nach einem alten, geheimen Rezept der Waldsassener Zisterzienserinnen hergestellt, inzwischen aber in Gut Aich, einem Benediktiner-Kloster im Salzkammergut.

Wer zu den Zwiebelzuckerln greift, der übersieht wahrlich nicht das künstlerische Talent von Schwester Sophia Schlembach. Sie hat das Etikett gestaltet – liebevoll und mit einem Augenzwinkern. Der Köchin am Herd, die den schweren Topf mit dem Sirup schleppt, hat sie in ihrer originellen Zeichnung einen Zwiebelkopf verpasst.

Man kann zu den Zwiebelzuckerln greifen, um – wie die Sänger es tun – seine stark beanspruchten Stimmbänder zu pflegen. Oder sie wie Gudrun Hecht vorbeugend einnehmen, wenn sich im Hals ein leichtes Kratzen als Vorbote einer Erkältung bemerkbar macht. Oder sie einfach nur lutschen, weil sie so herrlich nach Kindheit schmecken.

ZISTERZIENSERINNEN-ABTEI WALDSASSEN

Gästehaus St. Joseph mit Klosterladen
Basilikaplatz 2
95652 Waldsassen
Telefon: 09632/92388-0
info@haus-sankt-joseph.de
www.abtei-waldsassen.de

DIE ZISTERZIENSERINNEN VON WALDSASSEN

Die Zisterzienserinnen mit Äbtissin Maria Laetitia Fech (Zweite von rechts).
Foto: Jürgen Klein, Waldsassen

Der Dreiklang aus Gebet, Lesung und Arbeit bestimmt seit annähernd 900 Jahren das Leben im Kloster Waldsassen, das 1133 gegründet wurde – als erste von fünf Zisterzienser-Abteien in Bayern. Bis zur Säkularisierung 1803, als kirchliche Güter verweltlicht wurden, lebten und arbeiteten dort Mönche des Zisterzienser-Ordens in benediktinischer Tradition. Ein Frauenkloster ist Waldsassen erst seit 1863. Zur Wiederbesiedlung der Abtei waren damals Zisterzienserinnen aus Seligenthal ins bayerisch-böhmische Grenzgebiet gekommen. Ihren Auftrag, für die Bildung der weiblichen Jugend zu sorgen, setzten die Nonnen bereits zwei Jahre später mit der Gründung der Mädchenschule um. Die Einrichtung existiert heute noch, in der Realschule werden knapp über 400 Schülerinnen unterrichtet. Die Schulleitung ist weltlich, Konrektorin ist Schwester Raphaela Kratzer.

Die Stiftsbasilika ist ein prachtvoller Sakralbau aus der Barockzeit. Foto: Kristina Sandig

Vierte Äbtissin von Waldsassen ist seit 1995 Maria Laetitia Fech. Sie ist nicht nur „geistliche Mutter des Klosters“, die von den Schwestern mit „Mutter Laetitia“ angesprochen wird. Ihr obliegt außerdem das Management der Abtei und der klösterlichen Einrichtungen. Unter Maria Laetitia Fechs Regie wurde das Kloster umfassend generalsaniert.

Dem Konvent gehören derzeit sieben Nonnen im Alter zwischen 43 und 92 Jahren an. Zisterzienserinnen zählen zu den monastischen Orden, die Schwestern leben in einer Klausur. Wobei ihre selbstgewählte Einsamkeit und Abgeschiedenheit keinesfalls eine Abkehr von der Welt bedeutet. Im Gegenteil: Die Schwestern sind der Welt und den Menschen sehr zugewandt. Die in den benediktinischen Regeln verankerte Gastfreundschaft lebt der Konvent mit seinem Gästehaus St. Joseph. Wer hier übernachtet, sucht Entspannung durch Entschleunigung, genießt die Auszeit vom Alltag, schätzt Ruhe und Stille, regeneriert Körper und Geist.
Den Schwestern liegt auch die Schöpfung und deren Bewahrung sehr am Herzen. Die Zisterzienserinnen haben ein Kultur- und Begegnungszentrum auf den Weg gebracht, zu dem auch eine Umweltstation mit Kloster- und Naturerlebnisgarten gehört. Das soziale Engagement des Konvents zeigt sich im Mühlenviertel.

Im Gästehaus St. Joseph befindet sich auch der Klosterladen. Foto: Zisterzienserinnen-Abtei Waldsassen

In diesem integrativen Wohnprojekt in Kooperation mit der Katholischen Jugendfürsorge leben 14 junge Menschen mit und ohne Handicap zusammen.
Der Tag der Zisterzienserinnen beginnt frühmorgens um 6 Uhr. Nach den Stundengebeten Vigil und Laudes, dem Frühstück, dem persönlichen Gebet und der 8-Uhr-Messe arbeiten die Schwestern bis 12 Uhr. Nach Mittagessen und Tagesweihe, bei der die Zisterzienserinnen ihr Tun unter Gottes Segen stellen, ist Arbeitszeit bis 17.30 Uhr, schildert Schwester Sophia Schlembach, die als Priorin die Äbtissin bei deren Abwesenheit vertritt, den Tagesablauf. Nach dem Stundengebet Vesper

Ein Blick in die berühmte Bibliothek der Abtei. Foto: Ulrike Wiese

nehmen die Schwestern gemeinsam das Abendessen ein. „Während des Essens sprechen wir“, erklärt Schwester Sophia Schlembach. Nach dem Komplet, dem Nachtgebet der Kirche, schweigen die Schwestern bis zum nächsten Tag nach der Messe.

Die Stiftsbasilika ist eine der prächtigsten Barockkirchen im süddeutschen Raum. Beeindruckend sind die Heiligen Leiber, eine Sammlung üppig ausgeschmückter Ganzkörperreliquien. In der griechischen Mythologie trägt Atlas auf seinen Schultern die Welt für die Ewigkeit. Im Bibliothekssaal der Abtei stützen zehn lebensgroße, kunstvoll von Hand geschnitzte Atlanten, die verschiedene Facetten des Hochmuts versinnbildlichen, die Empore. Die vier Deckengemälde zeigen wichtige Stationen im Leben von Bernhard von Clairvaux, dem bedeutendsten Heiligen der Zisterzienserinnen. 8000 Bücher, wovon 6000 der Abtei gehören, sind im Bestand. Das mag üppig erscheinen, ist aber kein Vergleich zu den 19 000, die die Klosterbibliothek bis zur Säkularisierung in ihrem Besitz hatte.

Foto: Mirco Taliercio

MILLIMETERARBEIT FÜR DIE MUSIK

Geigenbauerin spannt den Bogen vom Holz zum Klang

Mit Musik ist Judith Bauer groß geworden. Als kleines Kind liebte sie es, wenn ihre Mutter ihr zum Einschlafen auf dem Klavier vorspielte. Mit sieben Jahren bekam sie ihren ersten Klavierunterricht. Als Elfjährige lernte sie Geige. Heute spielt sie Cello. Und baut Streichinstrumente.
Den Wunsch, Geigenbauerin zu werden, hatte Judith Bauer schon in der zehnten Klasse auf dem Gymnasium. Ihr gefiel die Vorstellung, in einer anheimelnden Atmosphäre, umgeben von der prägnanten Geruchsmischung aus Holz, Leim und Lack und in völliger innerer Ruhe, ein Instrument zu erschaffen, dessen Klang seit dem frühen 16. Jahrhundert Menschen anrührt.
Eine Geige ist eine Komposition aus edlen Hölzern. Allein die Auswahl des passenden Tonholzes klingt für einen Laien nach einer Wissenschaft für sich. Für den Boden, die Zargen, den Hals und die Schnecke verwendet Judith Bauer Bergahorn, bevorzugt aus Bosnien: „feinporig, gerade gewachsen, astfrei und wunderschön geflammt“. Die Decke des Instruments ist aus Fichtenholz, das für seine gute Resonanzeigenschaft gerühmt wird, das Griffbrett aus wertvollem Ebenholz. Bis aus dem Korpus der erste Ton kommt, muss viel geschnitzt, gehobelt, geschabt, geleimt und lackiert werden. „Rund 200 Arbeitsstunden stecken in einer Einzelanfertigung von Hand“, erzählt Judith Bauer, die sich mit Schnitzmessern, klitzekleinen Hobeln und Stemmeisen millimeterweise zur Musik vorarbeitet. Vieles ist Sisyphusarbeit, erfordert enorme Geduld und

Bis zur Musik ist es Millimeterarbeit. Foto: Mirco Taliercio noch mehr Hartnäckigkeit. Zum Beispiel die aus drei Spänen Holz bestehende Adereinlage, wie die umlaufenden Intarsien genannt werden. Oder die Einpassung eines kleinen unscheinbaren Stücks Fichtenholz im Bauch der Geige. Die Position des Stimmstocks ist mit ausschlaggebend für den Klang. Nicht umsonst bezeichnen ihn die Italiener als die Seele.

Judith Bauer ist Geigenbauerin mit Leib und Seele. „Ich liebe meinen Beruf", sagt sie, ist aber trotzdem froh, dass sie den Rat ihrer Mutter befolgt hatte und bis zum Abitur auf dem Gymnasium geblieben war. Noch am Tag der letzten Abiturprüfung hatte sie sich dann von Weiden aus auf den Weg nach Cremona gemacht. Die Stadt in der norditalienischen Provinz ist die Wiege des europäischen Geigenbaus, die Wirkungsstätte legendärer Geigenbauer wie Andrea Amati und Antonio Stradivari. An der dortigen Scuola Internazionale de Liuteria, einer namhaften Geigenbauschule, erlernte Judith Bauer ihr

Ihr Atelier hat sich Judith Bauer in Weiden eingerichtet. Foto: Kristina Sandig

Eine Geige ist eine Symphonie aus Edelhölzern. Foto: Mirco Taliercio

Handwerk von der Pike auf. Anschließend hospitierte sie bei Geigenbauern in Italien und Frankreich, legte in der deutschen Geigenbau-Hochburg Mittenwald ihre Gesellenprüfung ab und zog in Portugals Hauptstadt Lissabon. Dort arbeitete sie beim renommierten französischen Geigenbauer Christian Bayon, ehe sie sich 2002 selbstständig machte. 2018 kehrte Judith Bauer in die Oberpfalz zurück und eröffnete in Weiden ihr Atelier. „Ich hatte Sehnsucht nach der Heimat", gesteht sie. Als Geigenbauerin übersetzt Judith Bauer die Klangvorstellung des Musikers: Ob sein Instrument markig den Ton angeben oder eher zurückhaltender in einem Orchester agieren soll. Auf den von ihr gebauten Instrumenten spielen Orchestermusiker in Portugal, aber auch ein Solo-Cellist. Geigen von ihr befinden sich in Venezuela, Australien, Kanada und Belgien. Ein Münchner Geigen-Sammler lässt seine Schätze bei ihr reparieren.
Zu Judith Bauer kommen Menschen, die ein Streichinstrument kaufen oder leihen wollen, ihr eigenes richten oder den Bogen neu mit Rosshaar bespannen lassen. Und jene, die ihr zur Begutachtung den Inhalt eines auf dem Dachboden entdeckten Geigenkastens präsentieren – insgeheim hoffend, das Erbstück sei eine verschollen geglaubte Stradivari oder zumindest ein kleines Vermögen wert. Seit Judith Bauer zurück in der Heimat ist, spielt sie wieder Cello und musiziert seit kurzem in einem Ensemble. „Musik zu machen, das hat mir in Portugal richtig gefehlt", bekennt sie. Doch im Dreiklang ihres Lebens – Familie, Beruf und Musik – spielen ihre beiden Kinder für Mama selbstverständlich die erste Geige.

ATELIER JUDITH BAUER
Regensburger Straße 17
92637 Weiden
Telefon: 0961/76229775
judithbauer@gmx.net
www.judithbauer.com

Foto: Bernd von Janso

VON SCHRÄGEN VÖGELN UND SCHLAFENDEN SCHÖNHEITEN

Aus Wolle, Wasser und Seife entsteht eine Villa Kunterbunt in Filz

Drei Dinge braucht Jana von Janso, um in ihrer Werkstatt glücklich zu sein: Wolle, Wasser und Seife. Den Rest erledigen ihre Hände. Entstanden ist so im Laufe der Zeit eine kunterbunte Welt aus Filz. Hier tummeln sich schräge Vögel und kleine Monster. Räkelt sich eine wollweiße Schönheit mit wallendem Haar auf der Couch. Treffen herzig dreinblickende Küken und Hennen auf ambitionierte Sänger. Es gibt fast nichts, was Jana von Janso nicht schon gefilzt hat. Ein Einhorn beispielsweise, das einfach keines werden wollte und sich als Känguru pudelwohl fühlt. Ein Männlein mit drei Gesichtern als Stimmungsbarometer: happy, geht so, genervt. Ihre Werke sind Gute-Laune-Macher, aber auch praktische Alltagsbegleiter wie Taschen, Schals, Utensilos für alle erdenklichen Zwecke und zuckersüße Spielteppiche für entdeckungslustige Krabbelkinder.

Jana von Janso verwendet nicht nur die Wolle von Schafen zum Filzen, sondern filzt auch wuschelige Schäfchen.

Foto: Bernd von Janso

Zum Filzen war die Holzbauingenieurin durch Zufall gekommen. Eine Bekannte hatte sie 2007 zu einem Volkshochschulkurs in Weiden mitgeschleppt. Während die Freundin danach ein für alle Mal die Finger von Wolle, Wasser und Seife ließ, war Jana von Janso sofort Feuer und Flamme. Liebe auf die erste Filzblume sozusagen.
Der Liebe wegen war Jana von Janso, geboren in Plauen und aufgewachsen in Wunsiedel, nach Weiden gezogen. Mit ihrem Mann Bernd und den beiden Kindern lebt sie in einem Einfamilienhaus in Weiden-Ost. Das Schild „Der analoge Anker“ erinnert an ihr früheres Projekt, einen Werkstattladen mit anderen Weidener Künstlern. Heute gibt es ihre wolligen Werke im „Lebensfreuden“

Ein farbenfrohes Chamäleon entdeckt die Welt.
Foto: Bernd von Janso

Auch Figuren wie diese ambitionierten Sänger filzt Jana von Janso gerne. Foto: Bernd von Janso

in Weiden und im „Markt & Café" in Parkstein. Und natürlich im „Analogen Anker", mit dem sie als Soloprojekt ins Souterrain ihres Hauses gezogen ist und dort auch Auftragsarbeiten erledigt. So gestaltete sie für die Familienaufführung „Ein Schweinchen namens Babe" des Landestheaters Oberpfalz die Kopfbedeckungen für die Schafe. Apropos Schafe: Die liefern das Hauptmaterial zum Filzen. Wobei Wolle eben nicht gleich Wolle ist. Die Faserdicke hängt von der Rasse und dem Lebensraum der Tiere ab. Jana von Janso arbeitet am liebsten mit Australmerino. „Sie ist wunderbar fein, glatt und lang", rühmt sie die Schurwolle australischer Schafe. Unversponnene Wolle sieht ein bisschen wie Watte aus, ihre Fäden lassen sich beim Filzen auf unterschiedliche Weise verbinden. Beim Nassfilzen quellen die Wollhaare durch Wasser und Seife auf. Die noch losen Fasern bearbeitet Jana von Janso mit den Händen im Zusammenspiel von Gefühl und Kraft, vom sanften Drücken zum festen Kneten, in der Fachsprache Walken genannt. Beim Trockenfilzen wird mit einer Nadel mit Widerhaken immer wieder auf der Stelle in die Wolle gepikst, wodurch sich die Fasern verhaken und verdichten.

Ihre Passion hat Jana von Janso früh professionalisiert. So ließ sie sich zur zertifizierten Filzgestalterin ausbilden, erlernte unterschiedliche Techniken und auch, wie man den Schrumpf berechnet – also das, was man nicht bedenkt, wenn man versehentlich den Lieblingspulli in der Waschmaschine auf Puppengröße eindampft.

Ihr Wissen gibt sie in Kursen für Erwachsene und Kinder weiter. Mit Kindergartenkindern aus Weiden filzte sie einen Wandbehang, mit einer integrativen Klasse in Pirk einen Teppich mit Sommerbildern.

Mit gleichgesinnten Filzgestalterinnen hat sie sich zum „Filzkollektiv 10" zusammengeschlossen. Für ein Kunstprojekt der Gruppe auf Rügen erschuf sie aus 40 Filzkugeln ein Vogelhotel, für ein weiteres Projekt in Wien aus Wolle und Plastik flächige Fahnen. Oft wird sie gefragt, ob „Jana von Janso" ihr Künstlername sei. Ihre Antwort: „Nein, ich heiße wirklich so". Eigentlich Jana Freifrau von Janso.

Begierig, neue Techniken kennenzulernen und weltweit von Filzkünstlern zu erfahren, wie in Japan und Ungarn, der Ukraine und der Mongolei mit Wolle, Wasser und Seife umgegangen wird, filzt sie mit nicht nachlassendem Elan. Und beherzigt in ihrem kreativen Schaffen das, was ihr einst ein Dozent eingebläut hatte: „Sich mit anderen zu vergleichen, ist der erste Schritt zum Unglücklichsein."

Jana von Janso ist zertifizierte Filzgestalterin. Foto: Bernd von Janso

DER ANALOGE ANKER

Fichtelgebirgsstraße 12
92637 Weiden
Telefon: 0163/2131940
jvjanso@hotmail.com
www.jana-von-janso.com

Foto: Franziska Glaser

HOPFEN, MALZ UND ORIGINELLE IDEEN

Im Brauhaus Floß vereinigt sich Braukunst mit Experimentierfreudigkeit

Die Erinnerung an sein erstes selbstgebrautes Bier lässt Ludwig Koch heute noch schaudern. Die Maische war angebrannt, das Gebräu hatte wenig Kohlensäure. „Kaum trinkbar", urteilt er heute über sein alkoholisches Erstlingswerk aus dem Einwecktopf der Oma. Zu seiner Ehrenrettung muss man an dieser Stelle klar sagen, dass Ludwig Koch damals Gymnasiast war und er und seine Kumpels Bierbrauen als coole Freizeitbeschäftigung ansahen. Obwohl die Clique viel lieber Schnaps im Keller des Elternhauses von Ludwig Koch in Neustadt an der Waldnaab gebrannt hätte. Da allerdings hatte die Hausherrin etwas dagegen. Schnaps brennen sei illegal, hatte sie ihrem Sohnemann beschieden. Ludwig Koch verfeinerte bis zum Abitur seine Brautechnik und damit auch sein Selbstgebrautes – so sehr, dass seine Kostprobe, die er zum Vorstellungsgespräch bei der Brauerei Püttner in Schlammersdorf mitbrachte, diese überzeugte, ihn als Lehrling einzustellen. Zweieinhalb Jahre lernte er Brauer, krönte seine Ausbildung mit einem Schulpreis und wechselte danach erst einmal für zwei Jahre ins höherprozentige Milieu: als Destillateur in einer Brennerei.

Ein Prost auf das Brauhaus: Chef Ludwig Koch (rechts) stößt mit seinem Geschäftsführer Fabian Schnödt an.

Foto: Franziska Glaser

In Floß betreibt er inzwischen seine eigene Kleinbrauerei, die mit rund 150 Suden im Jahr 2022 und 1300 Hektolitern Bier pro Jahr so klein nun auch wieder nicht ist. Dass das Sudhaus früher eine Metzgerei war, merkt man allerhöchstens noch an den Bodenfliesen im Stil der 1970er-Jahre, die als Relikt aus der damaligen Zeit

Gebraut werden rund 150 Sude pro Jahr. Foto: Franziska Glaser

Das Wiener Lager gehört zum Standardsortiment. Foto: Franziska Glaser

überlebt haben. Im Repertoire hat der Brauer sechs Standardsorten (Helles, Dunkles, Pils, Wiener Lager als alter österreichischer Biertyp, Weißbier und Kellerbier). 12 Mal im Jahr kreiert er ein Bier des Monats. Und davon pro Monat wiederum nur 200 Kästen, weshalb als Motto gilt: „wenn weg, dann weg".

Die Vorfreude auf Weihnachten versüffigt der Braumeister den Freunden des Gerstensafts mit einem Bier-Adventskalender in einer Auflage von 400 bis 500 Stück pro Jahr und mit jeweils 23 selbstgebrauten Kreationen. Experimentierfreudig, wie er nun mal ist, probiert er Craftbiere genauso aus wie Pale Ale oder Märzen nach einem alten Rezept. Ob Gewürzbier, in Vergessenheit geratenes Gräzer (zu 100 Prozent mit eichengeräuchertem Weizenmalz gebraut), Wildhopfenbier, Steinbier mit milder Karamell-Note, Schwarzbier, Maibock, Gin-Bier mit Wacholder für die Stiftland-Griller oder sein Golden-Sunshine-Pils, in dem herber Hopfen auf frische Zitrone trifft – Ludwig Koch braut, wonach ihm gerade ist.

Unter den Brauern im Freistaat gibt es einen über 500 Jahre alten Ehrenkodex. Der nennt sich bayerisches

Reinheitsgebot von 1516 und besagt, dass in Bier nichts anderes darf als Hopfen, Malz, Wasser und Hefe. So vehement der Flosser Brau-Künstler sich dafür einsetzt, dass nichts Künstliches ins Bier kommt, so sehr wäre ihm ein „Natürlichkeitsgebot“ lieber. Naturrohstoffe wie Zitronenschale oder Honig würden in seinen Augen „neue Geschmackswelten eröffnen“. Ein originelles Schmankerl ist sein Ranfterl-Bier: Ein Teil des Malzes wird durch Brotreste aus dem Restaurant Kuhlemann in Neustadt an der Waldnaab ersetzt.

Das Festbier ist ein Fall für besondere Anlässe. Foto: Franziska Glaser

BRAUHAUS FLOSS

Graf-Gebhard-Straße 4

92685 Floß

Telefon: 09603/6 76 98 67

info@brauhaus-floss.de

www.brauhaus-floss.de

Gebraut wird an drei bis vier Tagen die Woche, der Rampenverkauf läuft Mittwoch, Donnerstag und Freitag. Die gemütliche Bierstube mit Biergarten öffnet nur einmal die Woche (Mittwoch von 17 bis 21 Uhr) und an einem ausgewählten Freitag im Monat und ist gerade deshalb meist rappelvoll. Unters örtliche Stammpublikum mischen sich inzwischen auch Gäste aus Weiden, Regensburg und Amberg. Die Corona-Pandemie hat die Experimentierfreudigkeit des Brauhaus-Chefs nicht ausgebremst – im Gegenteil. Seitdem setzt er seinen eigenen Essig an. Zum Beispiel einen Bieressig, mit dem in der Küche der Bierstube der Wurstsalat und der saure Käse angemacht werden. Gut möglich also, dass Ludwig Koch in Zukunft sein süffiges Sortiment um eine saure Komponente erweitert.

Foto: Kristina Sandig

AUF DU UND DU MIT BEIFUSS UND GÄNSEBLÜMCHEN

Eine wilde Horde von der Wiese für Alleswürze und Kräuteressig

Handgemacht fängt bei Sandra Stengel-Rewitzer mit handgezupft an. Ihre Rohstoffe liegen ihr sozusagen zu Füßen. Ihr Zuhause, ein naturbelassenes, 2000 Quadratmeter großes Grundstück in Altenstadt bei Vohenstrauß, ist ein Paradies für Wildkräuter. Dort darf ungehemmt wachsen und gedeihen, was Liebhabern des englischen Rasens die Zornesröte ins Gesicht treibt. Das Gänseblümchen gilt nicht als botanische Nervensäge, der Löwenzahn vermehrt sich schneller, als man schauen kann, der Giersch wuchert auf Teufel komm raus.

Rein in die Gläser und Flaschen kommt der Wildwuchs in ihrer Manufaktur, die sie scherzhaft als „Minifaktur" bezeichnet. „Natürlich Stengel" heißt ihr kleines Unternehmen – das Wortspiel mit ihrem Nachnamen war Sandra Stengel-Rewitzer bei einem Spaziergang zugefallen.

Sandra Stengel-Rewitzer ist zertifizierte Kräuterführerin und Mentorin für Garten und Natur.

Foto: Landratsamt Neustadt/WN

Für die Natur begeisterte sie sich schon als kleines Mädchen, gartelte mit der kräuterkundigen Großtante und wünschte sich stets Bücher über Pflanzen und Blumen. Viele Jahre später: Sandra Stengel-Rewitzer hatte längst eine Familie gegründet, war vierfache Mutter, bewohnte ein schmuckes Eigenheim mit großem Grundstück in Altenstadt, arbeitete im Restaurant Friedrich in Vohenstrauß und war auf der Suche nach einem kleinen Freiraum – Zeit, die ihr allein gehört.

So stieß sie auf eine halbjährige Ausbildung zur zertifizierten Kräuterführerin, die das Kloster Waldsassen

Ein Strauß von Aromen entfaltet sich im Kräuteressig.
Foto: Kristina Sandig

Die Alleswürze ist das meistverkaufte Produkt. Foto: Landratsamt Neustadt/WN

anbietet. Eigentlich wollte sie lediglich mehr über Kräuter und Natur lernen, doch nach dem Abschluss 2013 startete sie mit Führungen durch ihr grünes Reich und servierte beim gemütlichen Ausklang am Lagerfeuer stets Kostproben aus der Kräuterküche: Giersch-Aufstrich, Kräuterpesto, Klee-Butter.
Diese kleinen Köstlichkeiten kamen so gut an, dass Sandra Stengel-Rewitzer rasch mit einer stetig wachsenden Nachfrage nach ihren Erzeugnissen konfrontiert war. Sie entschloss sich, in die Produktion und den Verkauf einzusteigen. „Da ist mir mein erlernter Beruf sehr zu Gute gekommen", sagt die ausgebildete Einzelhandelskauffrau.
Verarbeitet wird nur, was bei ihr wächst. Das sind um die 30 Wildkräuter. Sandra Stengel-Rewitzer weiß um deren Vorzüge. Die Ringelblume steht für das Mütterliche. Die Schafgarbe gilt als Frauenkraut. Der Gundermann leistet als Hausmittel bei eitriger Hautentzündung und Ohrenschmerzen gute Dienste. Der Beifuß macht als Beigabe zum Ganserl den Weihnachtsschmaus bekömmlicher und darf seine Wirkung auch im Johannisbeeressig von Sandra Stengel-Rewitzer ausleben. Das

Gänseblümchen ist eine kleine Vitamin-C-Bombe und peppt obendrein jeden Salat optisch auf. Im Kräuteressig von Sandra Stengel-Rewitzer entfalten zwischen 12 und 18 verschiedene Sorten einen Strauß von Aromen. Grundsätzlich gesetzt dafür sind Brennnessel, Dost, Giersch, Beifuß, Vogelmiere und Gänsefingerkraut; Gänseblümchen oder Stiefmütterchen sind die Farbtupfer in der Flasche.

Meistverkauftes Produkt ist die Alleswürze, mit der alles begonnen hatte. Dafür verarbeitet Sandra Stengel-Rewitzer neben ihren eigenen Wildkräutern zugekauftes Bio-Gemüse. „Das Rezept stammt von einer 98-jährigen Frau", verrät die Mentorin für Garten und Natur.

Im Wiesensalz, für das Sandra Stengel-Rewitzer unbehandeltes Ursalz verwendet, trifft die wilde Horde von der Wiese auf die bittere Aroniabeere und die herbe Quitte. Holunderblüten kommen nicht nur in den Essig, sondern auch in den Likör. Mit Holunderblütensirup für den Hugo beliefert Sandra Stengel-Rewitzer auch das Restaurant Friedrich. Regionale Verkaufsstellen für Schafgarbenlikör, getrocknete Brennnesselsamen, die sich zum heimischen Superfood gemausert haben, Aronia-Brennnesselsamen-Chutney, Ringelblumen-Quitten-Salz und mehr sind die Hofläden in Weiden und Vohenstrauß. Verschickt wird bundesweit, die Oberpfälzerin freut sich auch über treue Besteller aus dem Münchner Raum. Die Kundschaft ist altersmäßig komplett gemischt – vom 16-jährigen Teenager bis zum Senior, der auf die 90 zugeht.

NATÜRLICH STENGEL

Fichtenstraße 1 b

92648 Vohenstrauß

Telefon: 09651/918491

info@natuerlich-stengel.de

www.natuerlich-stengel.de

KLEINE KRÄUTERKUNDE

Gänseblümchen

Das Gänseblümchen ist der Wetterfrosch im Garten. Hält es frühmorgens seine Kelchblätter geschlossen, soll es regnen. Ist das Blütenköpfchen geöffnet, kündigt sich ein trockener Tag an. Die gesunde Blume wird ob ihres hohen Gehalts an Vitamin C geschätzt und ist im Salat hübsch anzusehen.

Brennnessel

In der Küche kann die Brennnessel sehr vielseitig eingesetzt werden, sie schmeckt sehr aromatisch und würzig, die Blätter sind quasi ein Spinat-Ersatz. Ihre gesammelten und getrockneten Samen sind ein gesunder Partner für viele Speisen. Hobbygärtner schwören auf Brennnessel-Jauche als natürlichen Dünger.

Vogelmiere

Die sehr buschig wachsende Vogelmiere kommt recht zeitig im Frühjahr, manchmal spitzt sie bereits aus der Schneedecke hervor. Ihr wird eine antivirale Wirkung nachgesagt, ihr Geschmack erinnert an junge Maiskölbchen. Zubereitet wie eine Lauchsuppe, entfaltet sie ihr volles Aroma.

Giersch

Der Giersch treibt Hobbygärtner zur Verzweiflung – einmal da, wird man ihn nicht mehr los. Statt ihn zu bekämpfen, sollte man ihn essen:

im Salat oder in den Semmelknödeln anstelle von Petersilie. Der Giersch ist die Urpetersilie, aus der die Kulturpetersilie entstanden ist.

Der Spitzwegerich im Doppelpack und die Vogelmiere. Foto: Kristina Sandig

Spitzwegerich

Kratzender Hals, Hustenreiz:
Als Hausmittel im Honig leistet der Spitzwegerich gute Dienste bei Verschleimung der Bronchien.
Aufgebrüht als Tee und eine Woche lang getrunken, soll der König des Wegesrandes den Herzschmerz bei Liebeskummer lindern.

Schafgarbe

Die Schafgarbe gilt als Heilkraut schlechthin, wird auch „Augenbraue der Venus" genannt, steht für innere Ausgeglichenheit, hält Maß und Balance. Ihre Blüte ist Tag und Nacht geöffnet, sie sieht somit beide Seiten der Medaille: Freude und Leid. Als Hausmittel empfiehlt sie sich bei Hämorrhoiden und Nasenbluten.

Löwenzahn

Der Löwenzahn wird wegen seiner entschlackenden Wirkung geschätzt. Als Tee oder Saft wird er gern für eine Frühjahrskur eingesetzt. Seine Bitterstoffe regen Leber und Galle an. Aus seinen gesäuberten und getrockneten Wurzeln lässt sich koffeinfreier Kaffee-Ersatz herstellen.

Gänsefingerkraut

Die Pflanzenheilkunde kennt das Gänsefingerkraut als Krampflöser. Als Hausmittel wird es in den Schuh gelegt, um den Fußschweiß zu vertreiben. Bauern gaben das Kraut früher ihren Bullen zum Fressen, wenn diese die Kühe beglücken sollten.

Foto: Foto Ott

DER „MEISTER EDER" DER HERREN-ACCESSOIRES

Holzfliege aus Speinshart schwirrt sogar bis Hollywood

Anzüge sind wahrlich nicht das bevorzugte Kleidungsstück von Benjamin Rödl. Doch als er und seine Frau Evi zur Hochzeit seines Bruders eingeladen wurden, musste er sich wohl oder übel einen feinen Zwirn zulegen. Womit er nicht gerechnet hatte: Dass ausgerechnet aus dem Besuch beim Herrenausstatter ein neues Business werden würde. Der nämlich hatte ihm zum Anzug eine Holzfliege ans Herz gelegt. Das Accessoire an sich fand Rödl cool, nicht aber die Ausführung. „Ein flacher Propeller, mit Laser aus einer Sperrholzplatte geschnitten", schaudert es ihn heute noch. Er fand: Das könne er unmöglich tragen.

Dazu muss man wissen, dass Benjamin Rödl gelernter Schreiner und Restaurator im Schreinerhandwerk ist. Die von seinem Großvater 1952 gegründete Bau- und Möbelschreinerei in Speinshart führt er seit 2016 in dritter Generation. Holz fasziniert ihn seit seiner Kindheit. War er bei seinen Großeltern, spielte er lieber mit Fensterkitt als mit Knetmasse.

Die Holzfliegen sind aus heimischen Hölzern. Foto: Foto Ott

Aus der Spielerei mit der Holzfliege wurde schnell das, was sich heute „vom Baam" (vom Baum) nennt. Der Name war Benjamin Rödl zugefallen, als er am Schnellimbiss auf sein Schnitzelsandwich wartete. Wobei der findige Schreinermeister nicht alles nimmt, was vom Baum kommt, sondern nur heimische Hölzer, bevorzugt aus der nördlichen Oberpfalz. Also Ahorn und Eiche, Apfel und Zwetschge sowie Nuss und – als besonderes Zuckerl – Wacholder und Flieder, dessen Duft Benjamin Rödl als „süßlich und mit einem Schuss Menthol" beschreibt.

Die Herren-Accessoires entstehen in der Werkstatt in Speinshart. Foto: Schreinerei Rödl

Das Holz wird gekohlt und bricht auf. Foto: Schreinerei Rödl

Der Fliege folgte alsbald das nächste Accessoire: Manschettenknöpfe aus Holz, quadratisch oder in länglicher Form, der Verschluss in Edelstahl-Ausführung. Mit ihren Produkten waren Benjamin Rödl und seine Frau Evi eine Zeit lang auf Hochzeitsmessen in halb Bayern vertreten, von Weiden über Bindlach und Bayreuth bis Ingolstadt.

Weil Benjamin Rödl sich nicht nur auf besondere Anlässe fixieren wollte, dehnte er den Aktionsradius seiner Accessoires auf den Alltag aus und fertigt inzwischen auch Gürtelschnallen aus Holz. Die Lederriemen für die Gürtel bezieht er aus der Kölner Gegend. Dieses, auf pflanzlicher Basis gegerbte Leder, so habe er sich sagen lassen, verwendet auch eine bekannte Haute-Couture-Marke aus Mailand für ihre Handtaschen.

Bei Herren-Accessoires möchte man meinen, das Klientel sei überwiegend männlich. Von wegen! Zu 80 Prozent bestellt die Damenwelt: für den Freund oder den Ehemann, für Papa oder den Bruder, für den Neffen oder den Lieblingsonkel. Besonders vor Weihnachten ist die Kundschaft in Kauflaune, da werden Fliegen nicht selten gleich mal im halben Dutzend in den virtuellen

Einkaufswagen des Online-Shops gelegt. Im stationären Handel ist Rödl mit seinen Accessoires beim Herrenausstatter Turban in Weiden vertreten.

Eine Gürtelschnalle in der Variante „O'brennt". Foto: Foto Ott

Auf die Holzfliege aus Speinshart fährt auch ein enthusiastischer Fliegen-Sammler aus Hollywood ab: Irko, ein Musikproduzent aus Los Angeles, bei dem Weltstars wie Rihanna und Jennifer Lopez ein- und ausgehen. Er wählte ein Modell, das der Verkaufsschlager im Speinsharter Sortiment ist und sich „O'brennt" nennt, was übersetzt ins Hochdeutsche „Abgebrannt" bedeutet. Die Fliege wird im Feuer gekohlt, das Holz bricht auf, ein Muster entsteht. „In der Restaurierung wird das Würfelbrand genannt", klärt der Fachmann auf.

VOM BAAM
Gereon-Motyka-Siedlung 8
92676 Speinshart
Telefon: 09645/1283
wos@vom-baam.de
www.vom-baam.de

In der Kruschkiste, wie Benjamin Rödl sein Sammelsurium an Entwürfen nennt, schlummern Prototypen, die es nicht zur Serienreife geschafft haben. Eine gedrechselte Variante zum Beispiel, die als Dekoobjekt zwar hübsch anzusehen ist, am Hals aber klobig wirkt. Gut möglich, dass Rödl sein Sortiment noch erweitert. „Ideen gibt es genug", sagt er und freut sich über den Bekanntheitsgrad, den sein noch junges Label „vom Baam" inzwischen erreicht hat. Eine Geschichte dazu: Bei einer Fortbildung für Schreiner in München fragte ihn der Dozent, ob er denn der mit den Holzfliegen aus der Oberpfalz sei. Der Mann hatte sich just am Abend zuvor ein Exemplar aus dem Online-Shop bestellt.

DANKSAGUNG

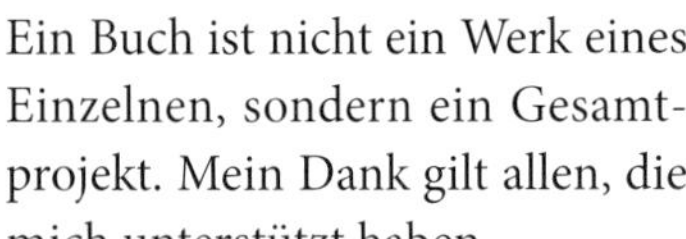

Ein Buch ist nicht ein Werk eines Einzelnen, sondern ein Gesamtprojekt. Mein Dank gilt allen, die mich unterstützt haben.

Zuvorderst ist dies der Battenberg Gietl Verlag. Geschäftsführer Josef Roidl und Manuela Bonfissuto danke ich sehr herzlich für das in mich gesetzte Vertrauen und ihre stete, überaus wertschätzende und empathische Begleitung; Martina Bauer für viele Tipps und Hilfestellungen; Margit Schmidt für das absolut gelungene Titelbild; Regina Schindler für das höchst ansprechende und harmonische Layout sowie ein Höchstmaß an Flexibilität; Anna Diller für das akribische Korrektorat.

Von Herzen danke ich meiner Cousine Sabine Sandig und meinen Freunden Claudia Meßmann, Alexandra Sitter, Nadja Geiger, Miriam Wittich, Anja Fröhlich, Andrea Eichenseer, Christa Dandorfer, Wolfgang Benkhardt und Wolfgang Weigl fürs Mutmachen und Daumendrücken, für ihren unerschütterlichen Glauben an mich und das Buch.

Gleiches gilt für Dr. Torsten Birkholz, dem ich zu allergrößtem Dank verpflichtet bin. Mit Begeisterung hat er das Buchprojekt vom Anfang bis zum Ende mitgetragen, mit größter Aufmerksamkeit und nie nachlassendem Elan alle Manuskripte auf Herz und Nieren geprüft, stilistische Unebenheiten glattgestrichen.

Ohne meine Familie hätte ich „Manufakturen in der Oberpfalz" nicht realisieren können. Ein riesiges Dankeschön gebührt meinen Tanten Sigrid Sandig, die äußerst gewissenhaft und in Rekordgeschwindigkeit das Korrekturlesen erledigt hat, und Anita Pirner, die mir häufig Alltägliches abgenommen hat, um mir den nötigen Freiraum fürs Schreiben zu geben.

Nicht vergessen möchte ich zwei kleine, aber dennoch großartige Unterstützer: Tim und Sara Hausner. Ihr fröhliches Kinderlachen zur rechten Zeit war und ist Gold wert.